12

D R E S D E N

Stadt der Fürsten Stadt der Künstler

DRESDEN

Stadt der Fürsten Stadt der Künstler

Herausgegeben
von Katrin Nitzschke und Lothar Koch
Sächsische Landesbibliothek

Gustav Lübbe Verlag

Dieses Buch entstand mit Unterstützung
der Landesregierung Nordrhein-Westfalen,
des Landschaftsverbands Rheinland
und des Bundesministeriums des Inneren.

Die Genehmigung zur Wiedergabe der Abbildungen
dieses Bandes erteilte freundlicherweise die Sächsische
Landesbibliothek, die auch die Reproduktionsvorlagen
fertigte und zur Verfügung stellte.

Schutzumschlag und Layout: Friedrich Kohnke,
Bergisch Gladbach
Reproduktion der Duoton- und Farbabbildungen:
Repro Rózsa, Köln-Porz
Satz: Kremerdruck GmbH, Lindlar
Gesetzt aus der ITC Zapf International von Linotype
Druck und Einband:
Druckerei Parzeller GmbH & Co KG, Fulda
Papier: 135 g/qm holzfrei weiß doppelt matt gestrichenes
Offsetpapier »ProfiStar« von den Hannoverschen
Papierfabriken Alfeld-Gronau AG, Alfeld/Leine,
geliefert von der Papiergroßhandlung Drissler & Co,
Frankfurt am Main

Printed in Germany
ISBN 3-7857-0625-1

Inhalt

Vorwort

Daß Dresden ein unerschöpfliches Thema ist, beweist die nicht abreißende Kette von Büchern über diese Stadt. Sooft sie auch schon beschrieben und besungen, erlebt und bewundert, im Bild festgehalten und vorgestellt worden ist, es sind nicht nur die Besucher der Stadt, die sie kennenlernen und die Erinnerung daran festhalten möchten, sondern auch die Dresdner selbst, die der Stolz auf ihre schöne Stadt zu diesen Büchern greifen läßt.

Wer eine annähernde Vorstellung von der Dresden-Literatur hat, dem mag es mit Recht so erscheinen, als sei die Vergangenheit schon reichlich durchpflügt worden und als seien auch für den heutigen Betrachter kaum mehr neue Aspekte zu entdecken. Außer der Gesamtschau von Stadt und Landschaft, der Beschreibung ihrer Geschichte, ihrer Sehenswürdigkeiten, ihrer Bauten und ihrer Bewohner, gibt es eine Fülle spezieller Darstellungen ihrer Sammlungen, Schlösser, Kirchen, Brücken, Brunnen, Straßen und Plätze, wie auch der Künstler, Schriftsteller, Gelehrten, Sänger und Schauspieler, die hier gewirkt haben.

Das vorliegende Buch ist aus einem Angebot der Landesregierung Nordrhein-Westfalen und des Landschaftsverbandes

Rheinland entstanden, Dresden in einer Ausstellung zu präsentieren, die in der Landesvertretung Nordrhein-Westfalen in Bonn, in Brüssel, noch einmal im Rheinland in Schloß Burg (Solingen) und im Rathaus der Freien und Hansestadt Hamburg gezeigt werden soll und natürlich auch in Dresden zu sehen sein wird. Die Eigentümlichkeit einer Bibliothek und ihrer Bestände bestimmen dabei den Sichtwinkel auf die Stadt an der Elbe. Es geht nicht um eine Darstellung der Sächsischen Landesbibliothek, ihrer Geschichte und ihrer Schätze, sondern um eine Auswahl aus altem und neuem Sammelgut über den Ort, an dem sie ihren Ursprung und ihre Heimat hat. Bücher aus und über Dresden bilden durchaus nicht den wesentlichen Kern ihres Bestandes. Sie war schon von ihrem Begründer, dem Kurfürsten August, universal angelegt worden und hat weltweit Bedeutendes, Kostbares und Seltenes aus Wissenschaft und Kunst gesammelt. Einer Beschreibung der Bibliothek aus dem Beginn des 19. Jahrhunderts zufolge, die durch ihr damaliges Gebäude, das Japanische Palais, führt, war nur einer von vierundzwanzig Sälen der Geschichte der königlichen und herzoglichen Lande gewidmet. Freilich mit der Erwähnung, daß »in diesem Fach der Geschichte ohne alle weitere Auswahl die möglichste Vollständigkeit beabsichtigt werde, wie es in der Natur und Lokalität der Anstalt liegt«.

Speziell für die Dresdensia gibt es eine eigene, gedruckte Bibliographie in vier Bänden mit über 27000 Titeln. Sie alle zeigen zu wollen wäre ein aussichtsloses Unterfangen und allenfalls quantitativ beeindruckend, aber kaum von besonderem Reiz. Ein gebührender Platz ist den Büchern natürlich gesichert. Es werden jene Werke vorgestellt, die Epoche gemacht haben und als Quellen für viele andere Werke genutzt worden sind. Die enthusiastische Lobpreisung der Stadt hat, wie man aus den Titelblättern älterer Werke sehr gut ersehen kann, schon früh ihren Ausdruck gefunden, und spätere Titel nehmen sich dagegen eher bescheiden und zurückhaltend aus, wenn sie Ansichten, Gemälde und Eindrücke von Dresden versprechen und darüber hinaus auch Kritik an Zuständen und Personen anklingen lassen.

Bücher, die Handschriften eingeschlossen, sind das charakteristische Medium von Bibliotheken, aber nicht das einzige. Ansichten, Karten und Pläne aus einem in Jahrhunderten gewachsenen Fundus beleben durch Anschaulichkeit und Farbe das geschriebene und gedruckte Wort. Die Zeichnungen und grafischen Blätter gehören zwar nicht zu den großen Meisterwerken, wie sie Galerie und Kupferstichkabinett vorweisen können, aber sie haben häufig den Vorzug, ihr Sujet nicht ausschließlich an den bekannten Orten gewählt zu haben, manches getreuer und wirklicher zu zeigen und der Empfindung und dem Geschmack der Zeitgenossen näher zu sein. Karten und Pläne bilden das Gerüst historischer Darstellung und lassen wie im Zeitraffer Werden und Wachsen der Stadt nachvollziehen. Auch die Fotografien, als objektivste Zeugnisse, entstammen einer Abteilung der Bibliothek, die seit langem für die Autoren von Stadtführern unentbehrlich geworden ist.

Vom Dreiklang Dresdens – Geschichte, Kunst und Natur –, der über Stadt und Tal wie ein von seiner eigenen Harmonie bezauberter Akkord schwebt, hat Erich Kästner gesprochen und damit bündig zusammengefaßt, welche Elemente durch ihr glückliches Zusammentreffen den Reiz dieser Stadt ausmachen. Die Ausstellung hat sich das Ziel gesetzt, dieses Zusammenspiel im Wechsel der Zeiten einzufangen, und ihre Exponate sind entsprechend gruppiert. Das Buch aber muß einer anderen Ordnung folgen. Geschichte, Kunst und Natur erscheinen untergliedert als in sich gerundete Darstellungen.

Die Autoren hoffen, daß es ihnen gelungen ist, Wesentliches sichtbar zu machen, manches in einem anderen Licht zu zeigen, bisher Unbekanntes vorzustellen und den Leser und Betrachter zu eigenen Entdeckungen anzuregen.

Dr. Manfred Mühlner
Direktor der Sondersammlungen
der Sächsischen Landesbibliothek

Vorbemerkung der Herausgeber

Das Ende der DDR, die Rückkehr ins vereinigte Deutschland haben Dresden wieder zu einer vielbesuchten Metropole von europäischem Rang werden lassen. Dabei bleiben Geschichte und Entwicklung dieser Stadt nicht unbeachtet, denn neben den Zeugnissen einstigen barocken Glanzes haben der Zweite Weltkrieg und vierzig Jahre Realsozialismus deutliche Spuren hinterlassen.

Auch das nicht sofort Sichtbare, ins Dunkel der Vergangenheit Getauchte, ist von Interesse. Hier können Museen, Archive, Bibliotheken und Bücher durchaus erhellend wirken. In der Flut der neueren Dresden-Literatur versucht das vorliegende Buch eine Lücke zu füllen. Etwa achtzig Prozent der abgebildeten Stiche, Fotografien, Chroniken, Pläne und Notenhandschriften werden erstmals im Druck gezeigt, alle stammen aus einer Sammlung mit über vierhundertjähriger Geschichte, die selbst ein Stück Dresden-Geschichte ist. Die Texte stammen von Autoren, die als Fachleute auf dem jeweiligen Gebiet gelten. Dennoch kann das Buch keine Vollständigkeit anstreben. Lücken sind unvermeidbar – zum einen durch Kriegseinwirkungen und anders bedingte Lücken im Bestand der Sächsischen Landesbibliothek, zum anderen durch Grenzen, die natürlich jeder Auswahl gesetzt sind.

Der vorliegende Band begleitet eine Ausstellung, an der er sich orientiert, ohne freilich Katalog im engeren Sinne zu sein. So beschränkt er sich auf die Widergabe eines guten Drittels aller Exponate. Andererseits findet der Leser in diesem Buch Abbildungen, die aus konservatorischen Gründen nicht in der Ausstellung gezeigt werden können, wie etwa die prächtigen Illustrationen aus dem Werk von Daniel Bretschneider über Festaufzüge (Abb. 58–64), sowie Darstellungen in Büchern, von denen in einer Ausstellung immer nur eine Doppelseite aufgeschlagen werden kann. Ein vollständiges Verzeichnis der ausgestellten Werke findet sich am Endes des Bandes.

Möge das Buch Leser im Kreis der Ausstellungsbesucher finden sowie unter künftigen oder ehemaligen Besuchern jener Stadt, von der Herder einst sagte, sie sei ein »deutsches Florenz«.

Die Geschichte der Stadt

Die fruchtbare und in späteren Jahrhunderten ihrer an südlichere Gefilde erinnernden Schönheit wegen so oft bewunderte Elbtalweitung zwischen Radebeul und Pillnitz war schon in ur- und frühgeschichtlicher Zeit besiedelt, von altsteinzeitlichen Jägern bis hin zu germanischen Stämmen. Noch im 6. Jahrhundert drangen von Böhmen her slawische Stämme in den nach dem Zusammenbruch des Thüringerreiches im Jahre 531 von den Germanen weitgehend verlassenen Raum ein. Jahrhundertelang blieb der Gau Nisane, »Niederung«, wie die slawischen Siedler das nahezu waldfreie spätere Dresdner Gebiet nannten, fast im Dunkel der Geschichte. Das änderte sich erst allmählich, nachdem König Heinrich I. im Jahre 929 die sorbischen Stämme östlich der Saale unterworfen hatte und im gleichen Jahr die Burg Meißen als Mittelpunkt der deutschen Herrschaft gründete. Mehr als 150 Jahre lang begnügten sich die Deutschen mit der militärischen Unterwerfung und Christianisierung der Sorben. Im Dresdner Raum wurden im 11. Jahrhundert die Burgwarde Briesnitz und Pesterwitz als Stützpunkte der Deutschen erwähnt. Etwa zur gleichen Zeit ist die älteste Frauenkirche als christliche Missionsstation entstanden.

Zu Beginn des 12. Jahrhunderts geriet die mittelalterliche Gesellschaft in immer größere Bewegung. Im Rahmen des Landesausbaus und der deutschen Ostsiedlung wanderten deutsche Bauern, Handwerker und Kaufleute aus dem Altreich in die Gebiete östlich von Saale und Elbe ein und begannen, die slawische Bevölkerung zu germanisieren. Die zahlreichen im 12. und 13. Jahrhundert in der Mark Meißen entstandenen Städte waren Ausdruck des aufblühenden Handels und Gewerbes. Besonders die Fürsten im Osten des Reiches förderten deren Entstehung, um so ihre Territorialherrschaft zu festigen. Auch Dresden war eine planmäßige Gründung des Landesherrn, jedoch sind die genauen Umstände und der exakte Zeitpunkt der Stadtgründung nicht überliefert.

Am 31. März 1206 wird Dresden erstmals als Ausstellungsort einer Urkunde Markgraf Dietrichs des Bedrängten erwähnt. In einer weiteren Urkunde Dietrichs vom 21. 1. 1216 wird der Ort dann ausdrücklich als Stadt bezeichnet. In diesem Zeitraum, zu Beginn des 13. Jahrhunderts, bezeichnenderweise in einer besonders kritischen Phase des Ausbaus der wettinischen Landesherrschaft, muß sich die Gründung der Stadt vollzogen haben. Verkehrsgeographisch gesehen, lag die Gründungsstelle günstig. Die von Meißen und von der jungen Stadt Freiberg, wo wenige Jahrzehnte zuvor Silbervorkommen entdeckt worden waren, nach Norden zur Hohen Landstraße, dem uralten West-Ost-Handelsweg, führenden Straßen kreuzten hier die Elbe. Eine markgräfliche Burg an einer erhöhten Stelle (dem sogenannten Taschenberg) schützte schon vor 1200 den Elbübergang. Es ist nicht ausgeschlossen, daß bereits vor Entstehung der eigentlichen Stadt im Bereich der Nikolaikirche, der späteren Kreuzkirche, eine Kaufmannssiedlung existierte. Die Stadt jedenfalls wurde planmäßig im Schutze der Burg angelegt. Das slawische Dorf um die weiter östlich gelegene Frauenkirche war dabei namengebend.

»Drezdany« bedeutet etwa so viel wie »Ort der Auen- oder Sumpfwaldbewohner«. Die mittelalterliche Stadt war nicht größer als der Bereich, der heute durch den Pirnaischen Platz und die Ringstraße im Osten, den Dr.-Külz-Ring im Süden, die Wall- und Sophienstraße im Westen und die Südseite des Neumarktes im Norden begrenzt wird. Hinzu kamen einige kleine ärmliche Vorstadtsiedlungen. Über die stroh- und schindelgedeckten Bürgerhäuser ragten außer der Frauenkirche mit dem Maternihospital vor der Stadtmauer nur die Nikolaikirche, das Rathaus an der Nordseite des Marktplatzes (des späteren Altmarktes), das kurz vor 1265 gegründete Franziskanerkloster an der Westseite der Stadt – dort, wo sich heute der Zwingergaststättenkomplex befindet – und natürlich die Burg, das spätere Schloß, als der Angelpunkt der Stadtanlage heraus. Die steinerne Elbbrücke, möglicherweise schon zur Zeit der Stadtgründung vorhanden, verband Dresden mit der gegenüberliegenden, im Mittelalter selbständigen kleinen Stadt Altendresden.

Trotz seiner vorteilhaften Lage blieb Dresden bis zum Ende des Mittelalters eine relativ unbedeutende Stadt, auch wenn gegen Ende des 13. Jahrhunderts Markgraf Heinrich der Erlauchte, dessen Hof ein glänzender Mittelpunkt der ritterlichen Kultur jener Zeit war, fast ständig in der Dresdner Burg residierte. Erst um 1300 kam die Bildung städtischer Selbstverwaltungsorgane zum Abschluß. Das magdeburgische Stadtrecht wurde durch einige wichtige markgräfliche Privilegien ergänzt, das für den Handel so notwendige Niederlags- und Stapelrecht erhielt Dresden dagegen erst 1455.

Bis gegen Ende des 15. Jahrhunderts besaß die Stadt auch nur einen Jahrmarkt. Die wenigen reichen ratsfähigen Geschlechter, zumeist Tuchhändler, lebten mehr von ihrem Landbesitz in der Umgebung Dresdens als von ihren Geschäften. Auch unter der übrigen Bevölkerung war der Anteil der »Ackerbürger«, die vor allem von landwirtschaftlicher Tätigkeit lebten, hoch. Die Handwerkszünfte werden erst sehr spät erstmals genannt. Ihre Auseinandersetzung mit den alteingesessenen Ratsgeschlechtern im späten Mittelalter um die Stadtherrschaft, ein Phänomen, das für alle deutschen Städte jener Zeit typisch war, verlief unblutig und vergleichsweise harmlos. Die Ratsordnung von 1470/71 verschaffte zwei Vertretern des Tuchmacherhandwerks Sitz und Stimme im Rat.

Beunruhigt war die Bevölkerung eher von den Umtrieben der Hussiten und von den Hussitenkriegen Jahrzehnte zuvor. Von

1409 bis 1412 lehrten die Magister Friedrich, Nikolaus und Peter an der Kreuzschule, bis sie vom Meißner Bischof als Ketzer aus dem Lande gejagt wurden. 1429 stand das gefürchtete Heer Prokops des Großen vor der Stadt und zerstörte die Vorstädte und Altendresden.

Mit dem Ende des Mittelalters trat die große Wende in der Geschichte Dresdens ein. Nach der Leipziger Teilung des wettinischen Gesamtbesitzes im Jahre 1485 wählte Herzog Albrecht, der Begründer der albertinischen Linie des Hauses, die Stadt Dresden zu seiner Residenz, auch wenn er selbst die meiste Zeit als Feldherr im Auftrag des Kaisers abwesend war. Aber seine Nachfolger blieben bei dieser Entscheidung. Von diesem Zeitpunkt an prägte der Hof die Geschichte der Stadt für Jahrhunderte in entscheidender Weise und ermöglichte ihr einen ungeahnten Aufstieg. Daran änderte auch der erste große Stadtbrand von 1491 nichts, der weite Teile der inneren Stadt und die älteste Kreuzkirche vernichtete. Unter Herzog Georg dem Bärtigen, dem Nachfolger Albrechts, blühte Dresden auf. Hieronymus Emser, der 1505 als Kaplan an den Hof des Herzogs kam, sprach, sichtlich enttäuscht, von einem »kümmerlichen Städtchen«. Sein Nachfolger, der bekannte Humanist Johannes Cochläus, war fünfundzwanzig Jahre später erstaunt, in der »feinen Stadt Dresden« Häuser zu finden, die anderswo als Schlösser gelten würden. Zu dieser Zeit arbeitete man gerade am Georgenbau, dem ersten großen Renaissancegebäude der Stadt.

Herzog Georg konnte sich jedoch nicht nur dem Ausbau seiner Residenz widmen. Die mit der Reformation verbundenen politisch-religiösen Auseinandersetzungen und Unruhen beschäftigten ihn nach 1520 zunehmend. Wie Luther war auch er von der Notwendigkeit der Reform der Kirche überzeugt, lehnte jedoch dessen Schlußfolgerungen entschieden ab. Nach der Leipziger Disputation wurde Georg zu einem der schärfsten und geistig bedeutendsten Gegner des Reformators. Mit seinen Streitschriften wurde Hieronymus Emser seine rechte Hand in diesem Kampf. Das bis 1945 nicht unbedeutende Dresdner Buchdruckergewerbe und Verlagswesen hat in diesen bewegten Jahren seine Ursprünge. Luther übrigens war vor der Reformation und kurz nach deren Beginn zweimal in Dresden gewesen. 1516 inspizierte er als Distriktsvikar das Altendresdner Augustinerkloster, und 1518 hatte er eine Predigt in der Schloßkapelle gehalten.

Nun aber erhitzte der Geist der Reformation die Gemüter. 1521, nach Bekanntwerden der Bannbulle des Papstes gegen Luther, schlugen aufgebrachte Bürger bei Emser die Fensterscheiben ein. Buchhändler, die reformatorische Schriften verteilten, jagten die Behörden aus der Stadt. Das verzweifelte Bemühen Herzog Georgs, sein Land der alten Kirche zu erhalten, blieb erfolglos. Nach seinem Tode im Jahre 1539 folgte ihm sein Bruder Heinrich der Fromme, der längst Anhänger Luthers geworden war, in der Regierung nach. Mit einem feierlichen Gottesdienst in der Kreuzkirche wurde am 6. Juni 1539 die Reformation im albertinischen Sachsen offiziell eingeführt.

Unter Herzog Moritz, dem wohl bedeutendsten Fürsten aus dem Hause der albertinischen Wettiner, erhielt die Entwicklung Dresdens neue Impulse. Das an seinen frühen Tod erinnernde Monument an der Brühlschen Terrasse – 1553 von Hans Walther geschaffen – ist das älteste Denkmal Dresdens. 1547 hatte Moritz im Ergebnis des Schmalkaldischen Krieges seinem ernestinischen Verwandten Johann Friedrich I., der noch ein Jahr zuvor mit seinen Truppen Dresden bedroht hatte, die Kurwürde und den größten Teil seiner Gebiete entreißen können. Dresden war nun Hauptstadt des führenden protestantischen deutschen Landes und zugleich auch eines der mächtigsten Territorien des Reiches. Schon seit 1546 wurde die alte Stadtmauer durch ein modernes Befestigungssystem ersetzt. Die Brühlsche Terrasse ist der zuletzt erbaute und noch heute erhaltene Teil dieser gewaltigen Anlage. Kurfürst Moritz vollendete auch die schon unter Georg begonnene Einbeziehung der Siedlung um die Frauenkirche in die Stadt. Aus dem umfangreichen Besitz des ehemaligen Klosters Altzella übergab er der Stadt ansehnliche Güter.

Das Weichbild der Residenz wurde vor allem durch die 1549/50 vom Kurfürsten erzwungene Angliederung Altendresdens, der heutigen Inneren Neustadt, erweitert. Baulich veränderte sich die Stadt im Verlauf des 16. Jahrhunderts vollkommen. Prächtige Renaissancebürgerhäuser am Altmarkt, ebensolche

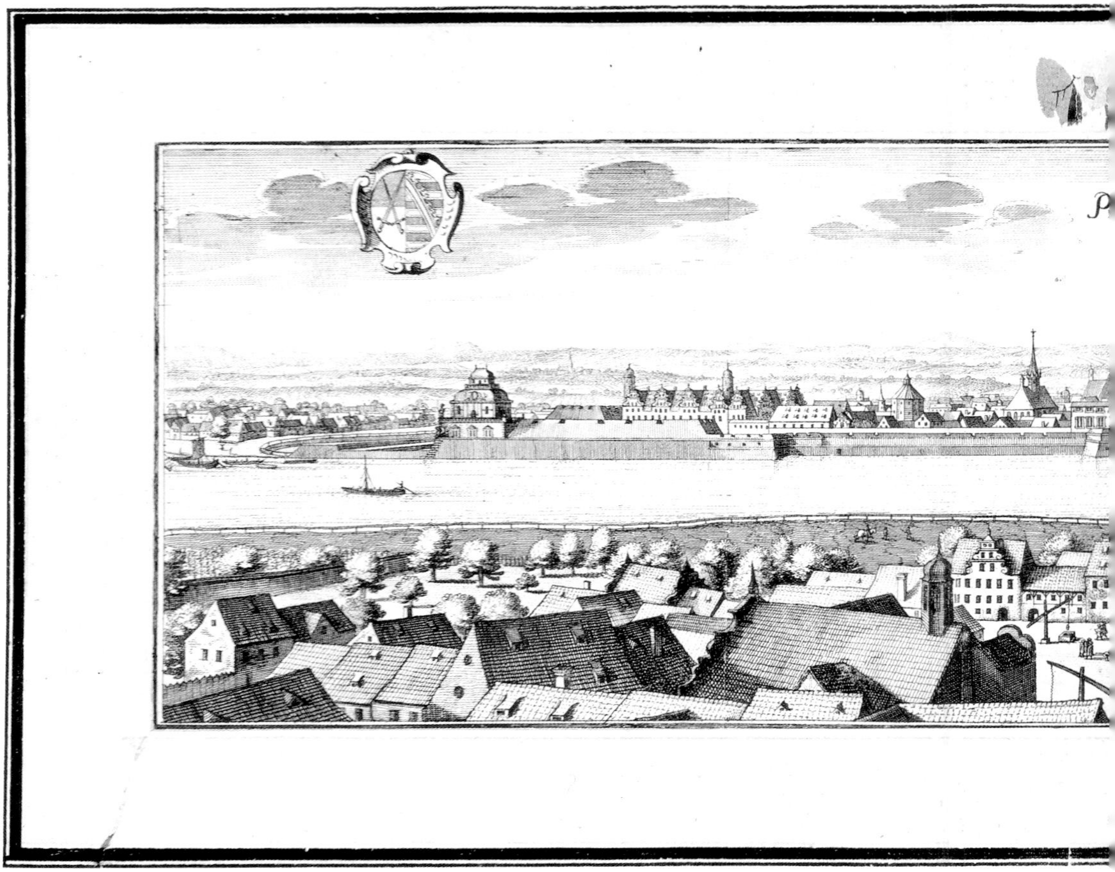

1 Wilhelm Dilich und Matthäus Merian: »Prospect der Brucken zu Dresden«, 1650. Kupferstich.
Im Vordergrund die zumeist als zweigeschossige Fachwerkbauten errichteten Gebäude Altendresdens, die 1685 fast ausnahmslos einem Brand zum Opfer fielen. Jenseits der Elbe trifft der Blick auf die etwa in der Mitte des 16. Jahrhunderts errichtete und Ende des Jahrhunderts verstärkte elbseitige Befestigung der Stadt. Von links nach rechts zu erkennen sind die Pirnaische Vorstadt, die Jungfernbastion (später Bastion Venus) mit dem 1590 erbauten Lusthaus von Giovanni Maria Nosseni (1544–1620), das Zeughaus, der Pulverturm von 1565, die alte Frauenkirche mit ihrem Dachreiter, die alte Kreuzkirche und der Schloßkomplex mit dem Schösserei- und dem Hausmannsturm, rechts die Bastion Sol und die alte Mündung der Weißeritz. Die seit dem 13. Jahrhundert bestehende steinerne Elbbrücke verbindet beide Stadtteile. (Kat. 81)

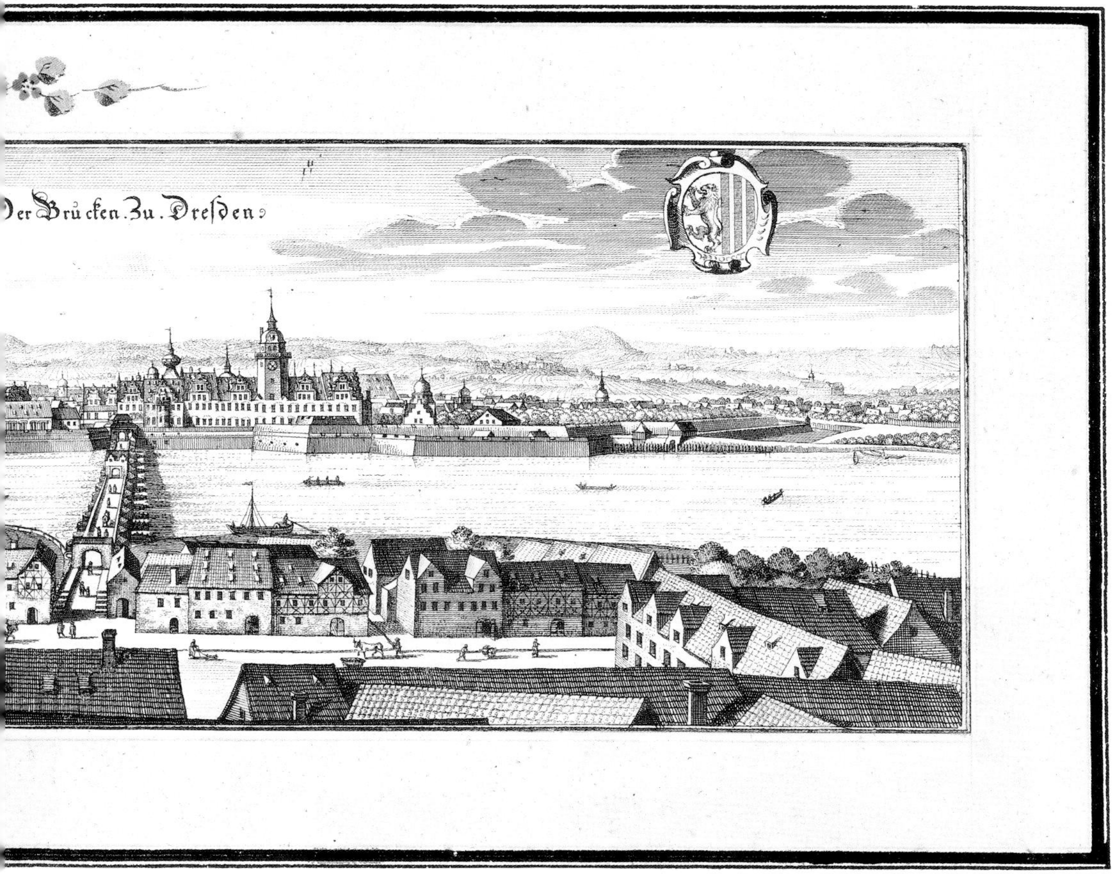
Der Brücken Zu Dresden

Wohnbauten für Beamte und Höflinge in der Gegend des erst später entstandenen Neumarktes ersetzten die bescheidenen Häuser der mittelalterlichen Stadt. Die ersten großen Profanbauten, die heute, wenn auch zum Teil in völlig veränderter Gestalt, aus dem Stadtbild nicht mehr wegzudenken sind, wurden geschaffen. Moritz selbst veranlaßte seit 1547 noch umfangreiche Erweiterungsbauten am Schloß. Sein Bruder und Nachfolger, Kurfürst August, der um die wirtschaftliche und kulturelle Entwicklung seines Landes so bedachte »Vater August«, ließ von 1558 bis 1563 das Zeughaus erbauen und leitete den Bau des Jägerhofes ein. Unter Kurfürst Christian I. ist der Stallhof mit dem Langen Gang entstanden. In jenem Jahrhundert sind auch Einrichtungen zumindest ansatzweise geschaffen worden, die heute in einem beträchtlichen Grade den Ruhm Dresdens als Kultur- und Kunststadt ausmachen. Moritz gründete 1548 die »Hofcantorey«, den Vorläufer der Dresdner Staatskapelle. Kurfürst August begründete nicht nur die heutige Sächsische Landesbibliothek, sondern im Jahre 1560 mit seiner Kunstkammer auch die weltberühmten Dresdner Sammlungen.

Der wirtschaftliche Aufschwung der Stadt entsprach dieser kulturellen Entwicklung. Dresden überflügelte jetzt Städte wie Freiberg und Pirna. Die Einwohnerzahl der kurfürstlichen Residenz hatte sich um 1600 gegenüber dem Beginn des 16. Jahrhunderts auf etwa 15000 verdreifacht. Waren auch viele Bürger zu einem bisher ungeahnten Wohlstand gelangt, so wurden andererseits die wenigen im Mittelalter gewonnenen politischen Freiheiten der Bürgerschaft insgesamt nun immer häufiger in Frage gestellt. Der entstehende frühneuzeitliche Staat forderte seinen Tribut, indem er bestrebt war, Rechte an sich zu ziehen und in seiner Hand zu konzentrieren. Der Hof war allgegenwärtig. Zentrale Behörden des Landes nahmen in der Stadt ihren Sitz. Beamte des Kurfürsten, im Dienste des Hofes stehende Künstler und Vertreter der Kirche prägten das gesellschaftliche Leben Dresdens entscheidend mit. Das wurde besonders gegen Ende des Jahrhunderts deutlich, als die Stadt Schauplatz der Auseinandersetzungen zwischen der orthodoxen lutherischen Geistlichkeit und dem mächtigen sächsischen Adel einerseits und den durch Christian I. und seinen Kanzler Nicolaus Krell repräsentierten calvinistischen Kräften mit ihren absolutistischen Bestrebungen andererseits war. 1601 wurde Krell nach zehnjähriger Haft – seine Politik war nach dem frühen Tode Christians I. 1591 gescheitert – auf dem Jüdenhof in Dresden enthauptet.

Mit dem Dreißigjährigen Krieg endete diese erste große Zeit Dresdens. Kurfürst Johann Georg I. beteiligte sich seit 1620 an diesem bis dahin mörderischsten aller Kriege in Europa, dabei zweimal die Parteien wechselnd. Glücklicherweise wurde die als uneinnehmbar geltende Festung Dresden durch die Kriegshandlungen selbst nur wenig berührt. 1631 versuchten etwa 500 kroatische Reiter vergeblich, den unbefestigten Stadtteil Altendresden einzunehmen. Ein Jahr darauf unternahmen die gefürchteten Horden des kaiserlichen Generals Holk einen ebenfalls erfolglosen Angriff auf die Vorstädte Dresdens. Doch um so mehr litt die Residenz unter den mittelbaren Auswirkungen des Krieges: Hunger, Pest, Inflation, Teuerung und Einquartierungen. Handwerk und Handel verfielen.

Doch erstaunlich rasch erholte sich die Stadt in den Jahrzehnten nach dem Krieg. Der prunksüchtige Kurfürst Johann Georg II., der erste typisch barocke Herrscher in Sachsen, war an einem möglichst schnellen Wiederaufschwung interessiert. Steuervergünstigungen für die Bürger und die Gründung erster Manufakturen sollten der Wirtschaft wieder auf die Beine helfen und spätere Steuereinnahmen sichern. 1670 gründete er westlich Dresdens Neustadt-Ostra, die spätere Friedrichstadt. Sie war als Gewerbesiedlung gedacht, diente aber bald in erster Linie Adligen und Angehörigen des Hofes zur Anlage von Gärten und Landhäusern. Die Stadt begann in dieser Zeit überhaupt, über die Stadtbefestigungen stärker hinauszuwachsen. Neben weiteren Gartenanlagen entstand östlich Dresdens der Große Garten mit dem Palais, dem ersten Barockbau der Gegend. In der Stadt hatte Wolf Caspar von Klengel neben anderen großen neuen Bauwerken das Opernhaus errichtet. Die Künste, besonders die Musik und das Theater, erfreuten sich einer neuen Förderung. Um so mehr mußten die Bewohner der Stadt und der Hof die letzte große Pestepidemie in Sachsen 1680 und den Brand Altendresdens im Jahre 1685 als schwere Rückschläge empfinden. Der fast völlig zerstörte Stadtteil wurde in Jahrzehnten als »Neustadt bey Dresden« nach Plänen Klengels und Ideen Augusts des Starken völlig neu aufgebaut.

Der Regierungsantritt dieses wohl im Volke auch heute noch bekanntesten albertinischen Wettiners im Jahre 1694 leitete die glanzvollste Epoche in der Geschichte Dresdens ein, die bis zum Siebenjährigen Krieg andauernde »Augusteische Zeit«. Mehr noch als in den zwei Jahrhunderten zuvor gingen alle wesentlichen Impulse für das kulturelle und wirtschaftliche Leben der Stadt von einer aufwendig lebenden höfischen Gesellschaft aus. Durch die Personalunion Sachsens mit Polen – Friedrich August I. konnte 1697 nach seinem Übertritt zum Katholizismus die Krone des Wahlkönigreiches als August II. durch List und Bestechung erlangen – rückte Dresden allein schon in politischer Hinsicht in die Reihe der Residenzstädte von europäischer Bedeutung auf. Der große Kunstsinn und das sehr ausgeprägte Repräsentationsbedürfnis Augusts des Starken sorgten dafür, daß die Stadt auch allmählich in ihrer äußeren Gestalt diesem Anspruch gerecht wurde. In wenigen Jahrzehnten wandelte sich das Stadtbild von der Renaissance zum Barock, wobei umsichtige Bauordnungen, besonders die von 1720, eine harmonische Entwicklung gewährleisteten.

In dieser Zeit entstanden weitere große Bauwerke, die noch heute das Stadtbild prägen: der Zwinger, das Blockhaus, das Japanische Palais, die Hofkirche. Von den prachtvollen Adelspalästen sind jedoch nur wenige Ruinen erhalten. Die höfische Kultur jener Jahre brachte höchste Leistungen in nahezu allen künstlerischen Bereichen hervor. Für Architekten, Musiker, Maler und Kunsthandwerker – die bedeutendsten von ihnen wurden aus anderen Gegenden Deutschlands oder Europas an den Dresdner Hof berufen – rissen die Aufträge nicht ab. Der Sohn und Nachfolger Augusts des Starken, Friedrich August II. (als polnischer König August III.), besaß zwar weder den politischen Ehrgeiz noch die Vitalität seines Vaters, teilte aber dessen Begeisterung für die Künste. Er machte sich vor allem um den weiteren Ausbau der Gemäldesammlung und zusammen mit der Kurfürstin Maria Josepha um die Musikkultur verdient. Man denke an das Wirken Johann Adolf Hasses als Hofkapellmeister und an dessen Frau, die berühmte Sängerin Faustina Hasse-Bordoni.

Ein nicht zu unterschätzender Bestandteil der höfischen Kultur der Zeit waren die zahlreichen, oft tagelang andauernden Hoffestlichkeiten, so zum Beispiel aus Anlaß des Besuches des dänischen Königs im Jahre 1709 und der Hochzeit Friedrich Augusts II., damals noch Kurprinz, 1719 oder aus Anlaß des Karnevals. In diesen Festen manifestierte sich die Selbstdarstellung barocken Herrschertums wie sonst bei nur wenigen deutschen Fürsten des 17. und 18. Jahrhunderts. Die Bürgerschaft profitierte von den vielfältigen Bedürfnissen der anspruchsvoll lebenden adligen Gesellschaftsschicht. Gewerbe und Handel blühten. Ausdruck der wirtschaftlichen Prosperität in der Stadt war auch

2 Matthäus Daniel Pöppelmann: Entwurf zum Hauptportal des Zwingers, 1. Drittel 18. Jahrhundert. Kolorierte Federzeichnung.
Zweck der Anlage war, sowohl Schauplatz für höfische Feste zu sein als auch Teile der kurfürstlichen Sammlungen aufzunehmen. Die Pläne zum Bau lieferte Matthäus Daniel Pöppelmann (1662–1736), den plastischen Schmuck schufen Balthasar Permoser (1651–1732) und seine Werkstatt. (Kat. 72)

das Anwachsen der Bevölkerung von ungefähr 20000 im Jahre 1700 auf 63000 in der Mitte des 18. Jahrhunderts. Doch auch kulturell machte sich die Welt des Bürgertums bemerkbar, wenn auch zeitgenössische Schilderungen, wie etwa die des berühmt-berüchtigten Barons Karl-Ludwig von Poellnitz, dies ignorierten. Christian Schöttgen, der Kreuzschulrektor und bedeutende sächsische Historiker, wirkte viele Jahre in der Stadt. George Bähr schuf mit der neuen Frauenkirche einen Gegenpol des protestantischen Stadtbürgertums zum katholischen Hof. Johann Joachim Winckelmann begründete in seiner Dresdner Zeit, angeregt auch durch die Kunstsammlungen, die moderne Kunstwissenschaft.

Das Augusteische Dresden, das später Generationen von Kunst- und Kulturhistorikern überschwenglich schildern sollten, ging im Siebenjährigen Krieg unter. Das reiche und strategisch wichtige Sachsen war während der gesamten Kriegsdauer einer der Hauptschauplätze der Kampfhandlungen. Ende August 1756 hatte Friedrich II. von Preußen Dresden besetzt. Der Kurfürst und sein Premierminister Brühl waren auf den Königstein und nach der wenig ruhmvollen Kapitulation ihrer Armee von dort nach Warschau geflohen. Die Preußen konnten nun in der Residenz schalten und walten. Kontributionszahlungen, Einquartierungen und Zwangsrekrutierungen gehörten in den folgenden Jahren zum Alltag der Bürger. Die Stadt verfiel zusehends, sowohl wirtschaftlich als auch kulturell. In diesem Krieg wurde Dresden aber auch von den Kampfhandlungen direkt betroffen.

Als im Herbst 1758 die Österreicher unter Feldmarschall Daun die Stadt belagerten, steckte der preußische Kommandant Graf Schmettau die Pirnaische Vorstadt in Brand. Ebenso verfuhr er im Sommer 1759 mit der Wilsdruffer Vorstadt, als die Österreicher erneut auftauchten. Deren Übermacht war dieses Mal so groß, daß die Preußen kapitulieren mußten. Von nun an waren die kaiserlichen Truppen die Herren der Stadt. Friedrich II. versuchte im Sommer 1760 vergeblich, die sächsische Residenzstadt zurückzuerobern. Am 19. Juli des Jahres erreichte die Beschießung der Stadt durch die Preußen ihren Höhepunkt. Die Kreuzkirche und weite Teile der Altstadt wurden zerstört oder schwer beschädigt. Bis zum Hubertusburger Frieden im Februar 1763 blieb Dresden dann von weiteren direkten Kriegshandlungen verschont.

Im Gegensatz zum Land insgesamt hatte Dresden in den Jahrzehnten nach 1763 am wirtschaftlichen Wiederaufbau nur geringen Anteil. Im Rahmen des Retablissements, der 1762/63 eingeleiteten Reformen in Staat und Wirtschaft, entstanden in Dresden zwar einige Manufakturen, aber ansonsten herrschte Stagnation. Adel und Hof hatten sich aus dem kulturellen Leben merklich zurückgezogen. Das noch sehr unselbständige residenzstädtische Bürgertum vermochte vorerst nicht, die entstandene Lücke zu schließen. Die einst weltstädtische Atmosphäre

3 Ansicht von Dresden, vor 1765. Kupferstich von S.E. R(ößler?).
Obgleich die Darstellung in ihrer Naivität die künstlerischen Grenzen des Autors deutlich aufzeigt, finden sich doch alle für die Stadt bedeutenden öffentlichen Gebäude mit Akribie an ihrem Ort wiedergegeben. So erkennt man ungeachtet der perspektivischen Verzerrungen hinter den die Neustadt umgebenden Festungswerken das Neustädter Rathaus, die Dreikönigskirche und das Japanische Palais. (Kat. 13)

der Stadt war einem geradezu provinziell anmutenden Klima gewichen. Erst gegen Ende des 18. Jahrhunderts waren im geistig-kulturellen Bereich deutliche Zeichen bürgerlichen Emanzipationsstrebens zu erkennen. Das Haus Christian Gottfried Körners, des Vaters des Dichters der Freiheitskriege, Theodor Körner, wurde zu einem gesellschaftlichen Mittelpunkt der Stadt. Die Ereignisse der Französischen Revolution gingen auch an breiten Kreisen der Bevölkerung nicht spurlos vorüber. Klagen der Behörden über umlaufende »staatsgefährdende« Schriften beweisen dies.

Von 1792 bis 1794 lebte Georg Friedrich Rebmann, der später wohl bedeutendste jakobinische Publizist, in der Stadt und sorgte hier zusammen mit seinem Freund, dem Verlagsbuchhändler Richter, für Furore. Auch der sächsische Bauernaufstand von 1790 blieb nicht ohne Eindruck auf die Dresdner. Die publizistischen Auseinandersetzungen um die Privilegien des Adels in Zusammenhang mit dem Landtag von 1793 spielten sich größtenteils in der Hauptstadt ab. Schließlich ist auch der große Gesellenstreik in der Residenz 1794 vor dem Hintergrund der Ereignisse in Frankreich zu sehen. Auch das Kulturleben um 1800 ist der Beachtung wert. Heinrich von Kleist hielt sich mehrfach in Dresden auf und arbeitete hier an einigen seiner Hauptwerke. Die Frühromantiker um Novalis und Friedrich Schlegel ließen sich durch das Erlebnis der Dresdner Gemäldesammlung zu ihren künstlerischen Theorien inspirieren.

Die Ereignisse der napoleonischen Zeit kündigten den Beginn des bürgerlichen Wandlungsprozesses der Gesellschaft noch deutlicher an. Dresden, die Hauptstadt eines der treuesten Verbündeten Napoleons – Kurfürst Friedrich August III. hatte aus den Händen des korsischen Emporkömmlings 1806 die Königskrone in Empfang genommen – erlebte bis 1813 scheinbar nicht enden wollende Fürstentreffen und Truppendurchmärsche. Im Mai 1812, kurz vor dem Rußlandfeldzug, präsentierte sich der französische Kaiser in der Stadt noch einmal als der Herr Europas. Doch schon ein Jahr später, nach der katastrophalen Niederlage der Großen Armee, fand im Palais des Grafen Marcolini, dem heutigen Friedrichstädter Krankenhaus, das denkwürdige Gespräch des Kaisers mit Metternich statt, das das Ende der französischen Fremdherrschaft in Deutschland und Europa ankündigte.

Schon im März 1813 hatten die verbündeten Truppen vorübergehend Dresden besetzt. Die Schlacht um die Stadt im August kostete 20000 Soldaten auf beiden Seiten das Leben und war der letzte große taktische Sieg Napoleons auf deutschem Boden. Im Oktober unterlag er in der Völkerschlacht bei Leipzig.

Die Jahre der Restaurationszeit waren politisch zwar ruhig, doch große Umwälzungen waren schon im Gange. Die industrielle Revolution begann, noch sehr zaghaft zwar, die alte Residenzstadt zu verändern. Zwischen 1809 und 1830 fielen die einengenden und militärisch bedeutungslos gewordenen Befestigungsanlagen der Stadt. 1839 wurde die Eisenbahnlinie Dresden-Leipzig, die erste größere in Deutschland, eröffnet. Erste kleinere Fabriken entstanden. Die Stadt dehnte sich aus. Neben den alten Vorstädten entstanden Villenviertel, und die Antonstadt und die Friedrichstadt, bislang selbständige Amtssiedlungen, wurden 1835 Dresden angeschlossen. Kultur und Wissenschaft erlebten eine neue Blütezeit. Carl Gustav Carus und Caspar David Friedrich arbeiteten in der Stadt. Gottfried Semper baute das neue Opernhaus und das Galeriegebäude. Carl Maria von Weber und später Richard Wagner setzten die große Dresdner Musiktradition fort. 1828 war die Polytechnische Bildungsanstalt als Vorläufer der heutigen Technischen Universität gegründet worden.

Nach 1830 entluden sich vor dem Hintergrund der Julirevolution in Frankreich erstmals die angestauten ungelösten politischen Probleme im Lande. Die Hauptstadt wurde einer der Schauplätze der Auseinandersetzungen. Handwerksgesellen stürmten das Rathaus und das Polizeigebäude. Die Regierung mußte nachgeben. Erst jetzt, 1831, erhielt das ansonsten hochentwickelte Land Sachsen eine Verfassung. Die Städteordnung von 1832 hob schließlich die feudale Ratsverfassung auch in Dresden auf. 1837 wurde dann die erste Stadtverordnetenversammlung gewählt. Die Reformen von 1831/32 hatten die politischen Machtverhältnisse jedoch nicht grundlegend geändert. Weiterer politischer Zündstoff lag bereit. Die geistig-politische

Atmosphäre der Residenz in der Zeit des Vormärz war dementsprechend aufgeladen, besonders in den vierziger Jahren. Oppositionelle Politiker, Publizisten und polnische Emigranten, die nach 1830 in großer Zahl nach Dresden gekommen waren, sorgten für Unruhe. Treffpunkt der mit den bestehenden Verhältnissen Unzufriedenen war vor allem die Wohnung des Dichters Julius Mosen in der Frauengasse. Arnold Ruge, Theodor Echtermeyer und der russische Anarchist Michail Bakunin waren dort häufig zu Gast.

1848 brach schließlich auch in Sachsen die Revolution aus. Der König mußte eine liberale Regierung unter dem Rechtsanwalt Braun einsetzen und bürgerliche Freiheiten gewähren. Der Zusammenbruch der Revolution in Österreich und Preußen verleitete den Hof im April 1849 zur Auflösung des Landtages und zur Ablehnung der durch die Frankfurter Nationalversammlung verabschiedeten Reichsverfassung. Die politische Lage in der Residenz spitzte sich von Tag zu Tag zu. Als dann die Intervention preußischer Truppen drohte, kam es am 3. Mai spontan zum Aufstand in der Stadt. Aufgebrachte Menschenmassen versammelten sich auf dem Neumarkt, vor dem Zeughaus und in der Schloßgasse. Ein Sturm auf das Zeughaus, um an Waffen zu gelangen, mißlang. Die Sturmglocken der Frauenkirche wurden geläutet. Bis zum Morgen des 4. Mai errichteten die Aufständischen etwa hundert Barrikaden in der Innenstadt. Daraufhin bildete sich unter Führung der Landtagsabgeordneten Tzschirner,

Todt und Heubner eine provisorische Regierung, die sich an die Spitze des Aufstandes setzte. So wurde Dresden für ein paar Tage zum Zentrum der im Grunde genommen in Deutschland bereits gescheiterten Revolution. Unter der militärischen Führung Bakunins leisteten die etwa dreitausend schlechtbewaffneten Männer bis zum 9. Mai den überlegenen preußischen und sächsischen Truppen erbitterten Widerstand.

Die Entwicklung in Richtung auf eine moderne Industriegesellschaft schritt auch in Dresden trotz der gescheiterten Revolution unaufhaltsam voran, das heißt, sie begann nach 1849 eigentlich erst. Die Stadt dehnte sich flächenmäßig aus, ihre Bevölkerung wuchs schnell (100000 Einwohner im Jahre 1850) und veränderte sich in ihrer sozialen Zusammensetzung. Dies wiederum mußte neue Spannungen und Konflikte hervorrufen. Dresden wuchs unaufhaltsam zu einer Großstadt mit bedeutender Industrie heran, deren weitere Entwicklung nicht mehr von ihrer noch bestehenden Funktion als Residenzstadt bestimmt wurde. Die bis 1945 typischen Dresdner Industriezweige bildeten sich nach 1850 endgültig heraus: die Nahrungs-, Genußmittel- und Tabakindustrie, die chemisch-pharmazeutische, die feinmechanisch-optische und schließlich die Elektro- und Verpackungsmaschinenindustrie. Bis 1875 wurde die Stadt an das deutsche Eisenbahnnetz angeschlossen und damit zum erstrangigen Verkehrsknotenpunkt. Auch wenn durch ein 1878 erlassenes Ortsgesetz Industrieanlagen vom historischen Stadtzentrum ferngehalten wurden, veränderte sich das Straßenbild insgesamt sehr rasch durch Straßendurchbrüche am Rande des Zentrums, durch zusätzliche Elbbrücken, ein neues Rathaus, Bahnhöfe und Gleisanlagen, Markthallen, Speichergebäude, einen Elbhafen, ausgedehnte Wohnsiedlungen, Kasernen – Dresden wurde nach 1871 zu einer der größten Garnisonsstädte Deutschlands – und natürlich durch Industriebetriebe.

1875, die Gründerjahre waren vorüber, zählte Dresden 200000 Einwohner. Von 1892 bis 1903 erfolgte die Eingemeindung zahlreicher Dörfer und Industriesiedlungen. Damit wurde die sächsische Hauptstadt zur viertgrößten Stadt des Reiches mit mehr als 500000 Einwohnern. Diese Entwicklung ging mit den unvermeidlich anwachsenden sozialen Problemen einher. Schon in den sechziger Jahren des 19. Jahrhunderts organisierte sich die Arbeiterschaft. 1869 war die Ortsorganisation der Sozialdemokraten gegründet worden. 1903 hatte diese Partei bei den Reichstagswahlen schon die drei Dresdner Wahlkreise in ihrer Hand. Diese Tatsache illustriert deutlich genug die gewaltigen sozialen Veränderungen, die vor sich gegangen waren. Daneben existierten aber die reiche kulturelle Vergangenheit, die großen Baudenkmäler und die Kunstsammlungen weiter. Zahlreiche wohlhabende Touristen besuchten die Stadt, trafen sich auf dem »Balkon Europas«, der Brühlschen Terrasse, oder in den Sanatorien des Stadtteiles Weißer Hirsch. In noblen Villenvierteln nahmen reiche Rentiers, Beamte und Unternehmer ihren ständigen Wohnsitz. Auch das zeitgenössische Kulturleben, etwa die Uraufführungen der Opern von Richard Strauss und die Erstaufführungen der Theaterstücke Gerhart Hauptmanns übten ihren Reiz aus.

Das 20. Jahrhundert zog auch Dresden in den Sog seiner Katastrophencharakter tragenden Umwälzungen. Der Erste Weltkrieg begann auch hier mit nationalistischem Freudengeschrei und endete in der Novemberrevolution. Am Abend des 9. November 1918 waren alle wichtigen Einrichtungen der Stadt in der Hand revoltierender Soldaten und Arbeiter. Gegenüber dem sozialdemokratischen Arbeiter- und Soldatenrat konnten sich die Linksextremisten um Otto Rühle allerdings nicht durchsetzen. Aber auf dem Schloß wehte die rote Fahne, und im Zirkus »Sarrasani« wurde die Republik ausgerufen. Am 13. November 1918 dankte König Friedrich August III. ab. »Macht euren Dreck alleene« soll er gesagt haben. Sozialdemokraten und USPD bildeten die erste Regierung des Freistaates Sachsen. Während der schweren, das Reich bis ins Innerste erschütternden innenpolitischen Krisen der folgenden Jahre war Sachsen neben Berlin, dem mitteldeutschen Industrierevier und dem Ruhrgebiet ein ständiger Unruheherd. Im Januar 1919 schoß das Militär in eine Versammlung der Linken vor dem Gebäude der »Dresdner Volkszeitung«. Während des Kapp-Putsches 1920 hielten sich am 13. März der Reichspräsident und die Reichsregierung auf ihrer Flucht vorübergehend in der Stadt auf. Im Oktober 1923, auf dem

Höhepunkt der Nachkriegskrise, bildeten linke Sozialdemokraten und Kommunisten in Sachsen die Landesregierung. Die KPD-Führung verlegte, schon allzu siegessicher, ihre Zentrale nach Dresden. Doch am 29. Oktober schritt Reichskanzler Stresemann zur Reichsexekution gegen Sachsen. Einige Soldaten verhaftete die Regierung Zeigner im Regierungsgebäude am Elbufer.

Die »goldenen zwanziger Jahre« endeten bekanntlich in der Weltwirtschaftskrise und schließlich im nationalsozialistischen Gewaltregime. Die Nazis hatten gemeinsam mit den Kommunisten die deutsche Demokratie zertreten. Für letztere war die Sozialdemokratie, die »Sozialfaschisten«, der Hauptfeind gewesen. In den Jahren der braunen Diktatur verfiel besonders das kulturelle Leben in Dresden. Noch vor der Bücherverbrennung in Berlin veranstalteten die Nazis am 8. März 1933 auf dem Wettiner Platz ein ähnlich barbarisches Schauspiel. Die »Reichskristallnacht« am 9. November 1938 führte zu Mißhandlungen der jüdischen Mitbürger, zur Plünderung ihrer Geschäfte und ließ ihr Gotteshaus, die einst von Gottfried Semper erbaute Synagoge, in Flammen aufgehen. Aktiven Widerstand in den zwölf Jahren des »Tausendjährigen Reichs« leistete nur ein Häuflein Todesmutiger unterschiedlichster politischer und religiöser Weltanschauung. Die meisten von ihnen mußten ihren Mut mit dem Leben bezahlen. Auch Dresden insgesamt ging den Weg bis ans bittere Ende. In der Schlußphase des Zweiten Weltkrieges ereilte die Stadt die größte Katastrophe ihrer Geschichte. In der Nacht

4 Altmarkt mit Kreuzkirche und Rathausturm.
Fotografie von Walter Hahn, 1929. (Kat. 199)

vom 13. zum 14. und am 14. Februar 1945 flogen Hunderte britischer und amerikanischer Bomber drei militärisch gesehen sinnlose Angriffe auf die Stadt. Schon nach der ersten Angriffswelle gegen 22 Uhr, bei dem 250 Flugzeuge etwa 1300 Sprengbomben und 130 000 Brandbomben auf das Zentrum Dresdens abgeworfen hatten, war eine der schönsten Großstädte Europas nahezu völlig in Schutt und Asche gelegt. Zehntausende der rund 600 000 Einwohner und einer unbekannten Zahl von in der Stadt weilenden Flüchtlingen verloren bei diesen Angriffen ihr Leben. Zwei Drittel aller Wohnungen wurden zerstört, unersetzliche Baudenkmäler und Kunstschätze vernichtet oder schwer beschädigt.

Im Frühjahr war der Krieg zu Ende. Am 8. Mai wurde Dresden – die braunen Machthaber hatten die völlig zerstörte Stadt noch zur »Festung« erklärt – von sowjetischen Truppen erobert. Zwei Tage später setzte die Besatzungsmacht eine neue Stadtverwaltung ein. Sie hatte die Aufgabe, erst einmal die Aufrechterhaltung beziehungsweise Instandsetzung der Wasser-, Gas- und Stromversorgung, der Lebensmittelversorgung sowie der öffentlichen Verkehrsmittel zu gewährleisten. Einige Monate später nahmen die ersten Industriebetriebe, soweit sie nicht zerstört waren, ihre Produktion wieder auf. Zumeist in behelfsmäßigen Räumlichkeiten gaben sich die Dresdner bald auch wieder kulturellen Vergnügungen hin. Ansonsten bot die Stadt das Bild eines einzigen Trümmerberges, dessen vollständige Abtragung Jahre dauern sollte.

5 Blick auf die Brühlsche Terrasse und die Carola-Brücke.
Fotografie von Richard Peter senior, 1945. (Kat. 242)

Der Krieg hatte zwar das Naziregime zu Fall gebracht, zu einem demokratischen Neuanfang kam es im Osten Deutschlands indes nicht. Die politische Entwicklung in den ersten Nachkriegsjahren verhieß nichts Gutes. Ein neues totalitäres Regime, nur anderer Couleur, etablierte sich. Am 7. April 1946 fand in Dresden-Bühlau die folgenschwere Vereinigung der sächsischen Sozialdemokraten mit den zahlenmäßig weit schwächeren sächsischen Kommunisten statt. Ein erster Schritt für letztere, ihre ideologische und politische Alleinherrschaft, dabei immer die sowjetische Besatzungsmacht im Rücken wissend, zu errichten. Mit dem Volksentscheid vom 30. Juni 1946 wurde ein entscheidender Schritt zur Verstaatlichung der Großindustrie getan. 1952 zerschlug die SED die Länderstrukturen in ihrem Machtbereich. Die Landeshauptstadt wurde zur Bezirksstadt, eingeteilt in neun, später in fünf Stadtbezirke.

Der Wiederaufbau begann frühzeitig und bezog auch gleich wertvolle kulturhistorische Bauten mit ein. Der Aufbau des Zwingers, später der Hofkirche und zuletzt der Oper stellten eine denkmalpflegerische Glanzleistung dar. Eine planmäßige Wiederherstellung des historischen Stadtzentrums erfolgte jedoch nicht. Das Wohnungsbauprogramm der SED-Führung scheiterte. Neben den in den letzten Jahren erbauten riesigen Betonsiedlungen in Prohlis und Gorbitz ließ man nahezu die gesamte Altbausubstanz verfallen. Auch als Industriestandort erlangte Dresden unter den Bedingungen der sozialistischen Planwirtschaft seine alte Bedeutung nicht zurück. Fast alle traditionsreichen Dresdner Industriezweige verloren nach und nach ihre internationale Wettbewerbsfähigkeit. Wenigstens das wissenschaftliche Potential Dresdens, die Technische Universität und die anderen Hochschulen, blieb von der Substanz her erhalten. Die traditionsreichen Kultureinrichtungen sorgten dafür, daß der Name Dresden seinen Klang nicht ganz verlor.

Am Ende der achtziger Jahre war das SED-Regime wie alle osteuropäischen kommunistischen Diktaturen ökonomisch, politisch und geistig am Ende. Die Reformversuche Gorbatschows in der UdSSR schufen die Voraussetzungen für den Zusammenbruch all dieser morschen Diktaturen. Im Herbst 1989 wurde das Honecker-Regime gestürzt. Die Dresdner Bevölkerung hatte einen nicht unbedeutenden Anteil an den Ereignissen jener Oktobertage. Die Zahl der Flüchtlinge und der »legal« Ausreisenden war auch hier wie in anderen Orten und Städten, besonders im Süden Ostdeutschlands, in den vorangegangenen Monaten stark angestiegen. Eigentlich waren es diese Menschen, die das Regime in eine ausweglose Lage brachten, besonders, nachdem Ungarn seine Grenzen zu Österreich für Ostdeutsche geöffnet hatte. Als dann in der Nacht vom 3. zum 4. Oktober angeblich wieder Züge mit Flüchtlingen aus der bundesdeutschen Botschaft in Prag durch Dresden geleitet werden sollten, ging die Polizei brutal gegen Hunderte Menschen am Hauptbahnhof vor, die gehofft hatten, sich den Ausreisenden anschließen zu können. Die Unruhen im Bahnhofsbereich und auf der Prager Straße hielten auch in den nächsten Tagen an. Am 7. Oktober kam es in der Innenstadt zu einer ersten größeren Demonstration gegen die Regierung. Bereits einen Tag später mußten die örtlichen Behörden die »Gruppe der Zwanzig«, die Vertreter der Demonstranten, als Verhandlungspartner anerkennen.

In den folgenden Wochen sorgten weitere Zehntausende Ausreisende und die in Leipzig, Dresden und anderen Städten – in Dresden im Anschluß an Andachten in der Kreuzkirche – weiter stattfindenden Massendemonstrationen dafür, daß die SED auch nach dem Sturz Honeckers und der Öffnung der Mauer ihre Gewaltherrschaft nicht mehr stabilisieren konnte. Der Staat DDR, von fremder Macht ins Leben gerufen und von seinen Bewohnern mehrheitlich zu keiner Zeit akzeptiert, verabschiedete sich aus der deutschen Geschichte. Was viele nicht mehr glaubten: Am 3. Oktober 1990 wurde die Wiedervereinigung Wirklichkeit und mit der Landtagswahl am 14. Oktober der Freistaat Sachsen mit Dresden als Landeshauptstadt wiederhergestellt.

Trotz der schweren Erblast der letzten vierzig Jahre und dem daraus resultierenden schwierigen Neubeginn bieten die große und auch heute noch gegenwärtige Vergangenheit, die einzigartige landschaftliche Umgebung der Stadt und der unternehmerische Geist ihrer Bewohner die Chance, daß Dresden in nicht allzuferner Zukunft wieder eine der schönsten Städte Deutschlands sein wird.

Die Stadtentwicklung in der Widerspiegelung auf Stadtplänen

Alte Stadtpläne, wie sie von Dresden als Handzeichnungen, Kupferstiche, Lithographien und Drucke vorliegen, sind durch ihre kartographische Gestaltung gleichermaßen reizvoll und informativ. Die kleine Auswahl von Stadtplänen aus vier Jahrhunderten gibt nicht nur Auskunft über die landschaftliche und städtebauliche Situation und Entwicklung in dieser Zeit, sie ermöglicht auch den Vergleich mit der Gegenwart. Einen Vergleich, der zeigt, wie Generationen vor uns das ihnen Überlieferte sowohl bewahrt als auch verändert haben.

Die Entstehung der Stadt Dresden an einem wichtigen Elbübergang vollzog sich zwischen dem letzten Drittel des 12. und dem Beginn des 13. Jahrhunderts, und zwar im Rahmen des wettinischen Landesausbaus, der mit der Errichtung der Rechtsstadt unter Markgraf Dietrich dem Bedrängten seinen Abschluß fand. Die Bedeutung der Stadt Dresden wuchs, als gegen Ende des 15. Jahrhunderts der Bergbau im Erzgebirge den sächsischen Herzögen bedeutende Einkünfte erschloß. Nach der »Leipziger Teilung« wird Dresden 1485 auch aufgrund seiner günstigen Verkehrslage zur Residenz der Albertiner erhoben. Große bauliche Veränderungen setzen bereits im 16. Jahrhundert mit der Errichtung prächtiger Renaissancebauten, unter anderem des Zeughauses, ein. Sie finden ihre Fortsetzung im 17. Jahrhundert mit der weiteren Ausgestaltung der Stadt zur kurfürstlichen Residenz sowie im 18. Jahrhundert mit der Entstehung von Zwinger, neuer Frauenkirche, katholischer Hofkirche und zahlreichen Palaisbauten. Der mit dieser baulichen Entwicklung einhergehende wirtschaftliche und kulturelle Aufschwung läßt sich sehr gut mit den im folgenden gezeigten Stadtplänen veranschaulichen.

Der erste Stadtplan von Dresden entstand nicht 1529, wie aus dem Titel des Planes ersichtlich ist, sondern erst 150 Jahre später. Der mit der Feder gezeichnete Entwurf des Planes ist wahrscheinlich durch Oberst von Klengel auf Veranlassung von Anton Weck für dessen Beschreibung und Vorstellung der Stadt Dresden im Jahre 1679 entstanden. Dresden, seit 1485 Residenz- und Landeshauptstadt, zählte zum Zeitpunkt der Stadtplanentstehung rund 18000 Einwohner. Bereits 1546 hatte Herzog Moritz die Stadtbefestigung erweitern und ein Jahr später aus der mittelalterlichen Burg ein prächtiges Schloß (H) bauen lassen. Damit wurde der Grundstein für die Entwicklung einer bis dahin bedeutungslosen Stadt von 6000 Einwohnern zu einer der schönsten Residenzstädte Europas gelegt.

Der nach Süden orientierte Kupferstich stellt die Stadt mit der alten Ummauerung und die durch den Festungsbau in den Jahren 1519 bis 1529 angeschlossene Neustadt vor dem Frauentor (G) dar. Mit Großbuchstaben werden die wichtigsten Kirchen, Tore und Gebäude erklärt. Ziffern dienen zur Kennzeichnung der vierundzwanzig aufgeführten Gassen. Namen wie Taschenberg, Kleine Brüdergasse, Große Brüdergasse, Wilsdruffer Gasse, Webergasse, Seegasse et cetera sind manchem Dresdner noch heute ein Begriff. Ein Vergleich mit Plänen aus dem 19. und 20. Jahrhundert unterstreicht diese Tatsache und macht zugleich die Ausdehnung der durch Wassergräben und Festungsmauern begrenzten Stadt deutlich. Die auf dem Kupferstich fehlenden Vorstädte werden durch eine willkürliche Anordnung von Feldern ersetzt. Besonders an den drei großen Seen außerhalb der Stadtmauern, die in Wirklichkeit nicht existierten, wird die recht oberflächliche Bearbeitung dieses ersten Stadtplans deutlich.

Wesentlich besser in der Wiedergabe der Stadtstruktur sind die Anfang des 18. Jahrhunderts in deutschen kartographischen Offizinen entstandenen Stadtpläne. Ein Beispiel dafür ist der um 1755 von Matthäus Seutter dem Älteren (1678–1757) in Augsburg herausgegebene Kupferstich im Maßstab von etwa 1:6000 (Bild 7). In einer Verbindung von Grundriß und Ansicht zeigt er den Zustand der Sächsischen Residenz vor der Beschießung durch preußische Truppen im Siebenjährigen Krieg.

Einen analogen Plan mit handschriftlichen Eintragungen (Bild 8) konnte die Bibliothek 1989 erwerben. Eingezeichnet sind hier die Geschützstellungen mit den Einschußschneisen der feindlichen Verbände unter Friedrich II. Zerstörte Teile der Stadt sind farbig in einem grauen Farbton hervorgehoben. Die Ansicht auf dem Kartenbild zeigt die brennende Kreuzkirche, die Frauenkirche und die Pirnaische Vorstadt. Die 1738 bis 1755 erbaute Hofkirche (im Plan unter der Bezeichnung O) ist skizzenhaft auf der Abbildung ergänzt. Ihr Standort stimmt aber ebensowenig wie der der bereits gestochenen Frauenkirche. Im Vordergrund sind die Bastionen der Neustadt und ein reger Schiffsverkehr auf der Elbe erkennbar. Vergleicht man die in der Ansicht und die im Grundriß dargestellten Gebäude miteinander, wird eine Diskrepanz zwischen beiden Abbildungsformen deutlich. Die gezeigte Ansicht ist bereits veraltet. Wie zahlreiche andere Pläne der Seutterschen Druckerei fällt der nach Westen orientierte Plan von Dresden durch seine kräftige Kolorierung der bebauten und unbebauten Flächen auf. Ganz typisch für Seutter, dem neben Johann Baptist Homann zu jener Zeit produktivsten Kartenverleger Deutschlands, ist auch die Erklärung von etwa 240 aufgeführten Objekten (Gebäude, Straßen und Plätze) mittels Buchstaben und Ziffern. Unter den verzeichneten Sehenswürdigkeiten dieser Zeit befinden sich unter anderem das Pirnaische Tor (A), das Georgentor (C), das Schloß (E), die neue Schloßkapelle (Katholische Hofkirche) (O), die Kreuzkirche (Q), die Frauenkirche (R), das Japanische Palais (75) und die Dreikönigskirche (78); sie sind für einen Vergleich mit neueren Plänen besonders geeignet.

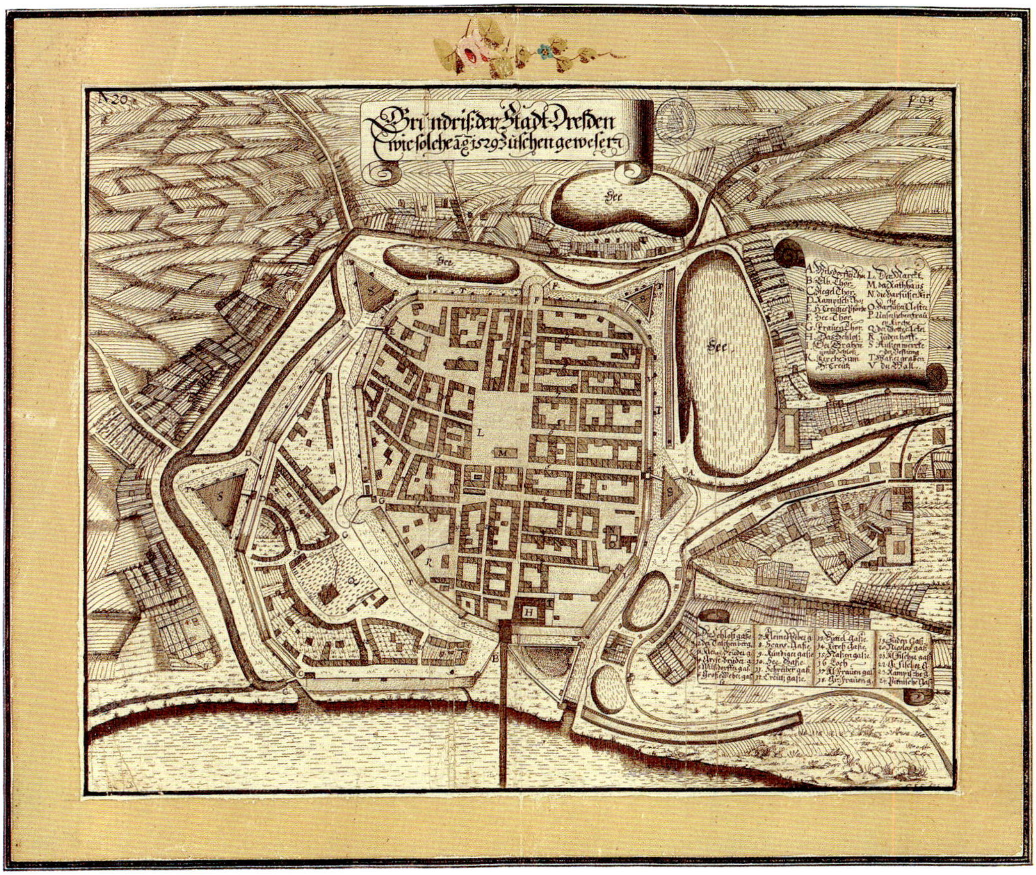

6 Wolf Caspar von Klengel: »Grundriß der Stadt Dresden wie solche anno 1529 zu sehen gewesen«, [ca. 1:4500], [Nürnberg 1680]. Kupferstich. (Kat. 1)

DRESDA ad Albim, Saxoniæ Superioris Metropolis, ac magnifica Ducis Electoris et
Regis Poloniæ Sedes Opera et Sumptibus MATTH. SEUTTERI, SAC. CÆS. MAY. GEOGR. AUGUSTANI
DRESDEN die KÖNIGLICHE POLNISCH und CHUR-SÄCHSISCHE RESIDENTZ MIT IHREN VORSTÄDTEN IN GRUND GELEGT.
Die Königl. u. Churfürstl. Sächsische Haupt u. Residentz St
Elb Strom

7 Matthäus Seutter: »Dresda ad Albim, Saxoniae superioris metropolis ac magnifica ducis electoris et regis Poloniae sedes ... Dresden an der Elb, eine Haupt-Stadt des Obern Sachsen, u. höchst vortreffliche Residentz des dasigen Churfürsten u. Königs in Pohlen«, [ca. 1:6000], Augsburg um 1755. Kolorierter Kupferstich. (Kat. 22)

8 Matthäus Seutter: »Dresda ad Albim, Saxoniae superioris metropolis ac magnifica ducis electoris et regis Poloniae sedes … Dresden an der Elb, eine Haupt-Stadt des Obern Sachsen, u. höchst vortreffliche Residentz des dasigen Churfürsten u. Königs in Pohlen«, [ca. 1:6000], Augsburg nach 1760. Kolorierter Kupferstich mit handschriftlichen Eintragungen zur Beschießung Dresdens 1760. (Kat. 23)

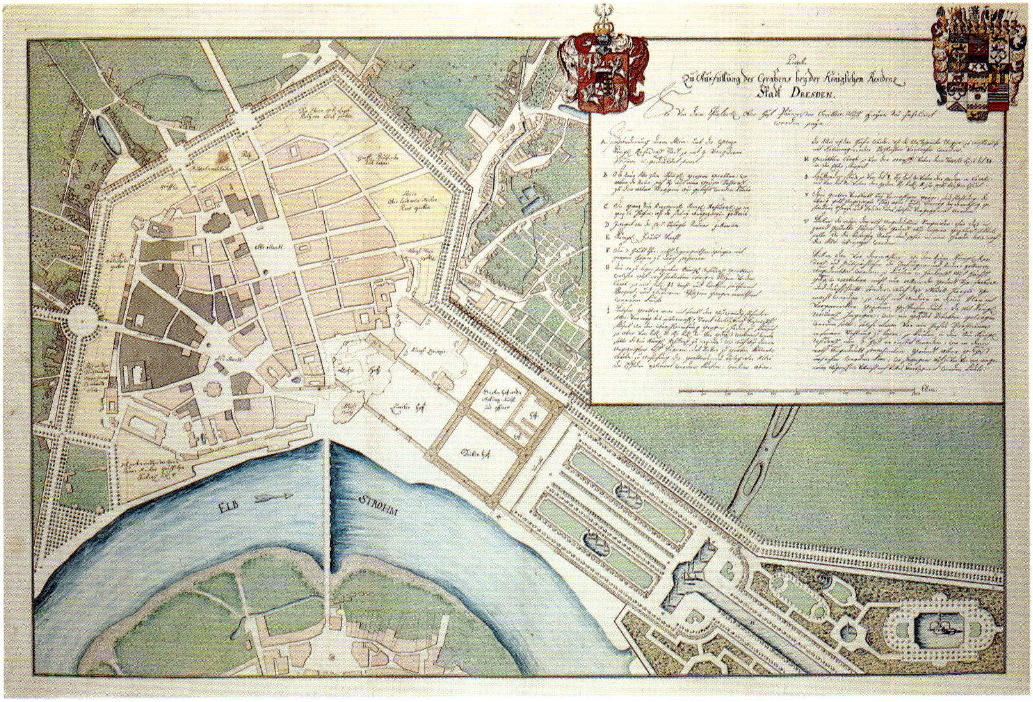

9 François de Cuvilliés: »Project zu Ausfüllung des Grabens bey der Königlichen Residenz Stadt Dresden. So von dem Churfürstl. Ober Hof Paumeister Cuvilliés auß Bayrn neu-intendiert worden seyn«, [ca. 1:2600], Bayern um 1761. Kolorierte Handzeichnung. (Kat. 24)

10 »Plan von der Churfürst. Saech. Residentz Dresden nebst der daselbst herum befindlichen Gegend«, [ca. 1:9000], Dresden nach 1770. Kolorierte Handzeichnung von Johann Christoph Schweiger. (Kat. 48)

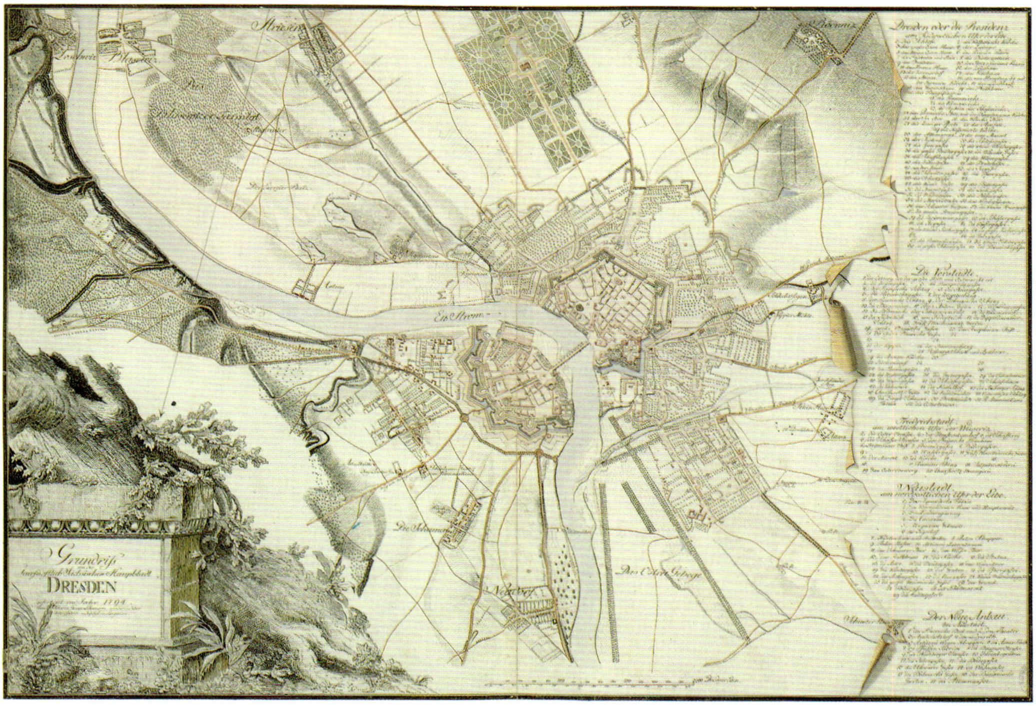

11 »Grundriß von der [C]hurfürstlich Sächsischen Hauptstadt Dresden«, [ca. 1:13000], Dresden 1794. Kolorierte Handzeichnung von Johann Georg Lehmann. (Kat. 25)

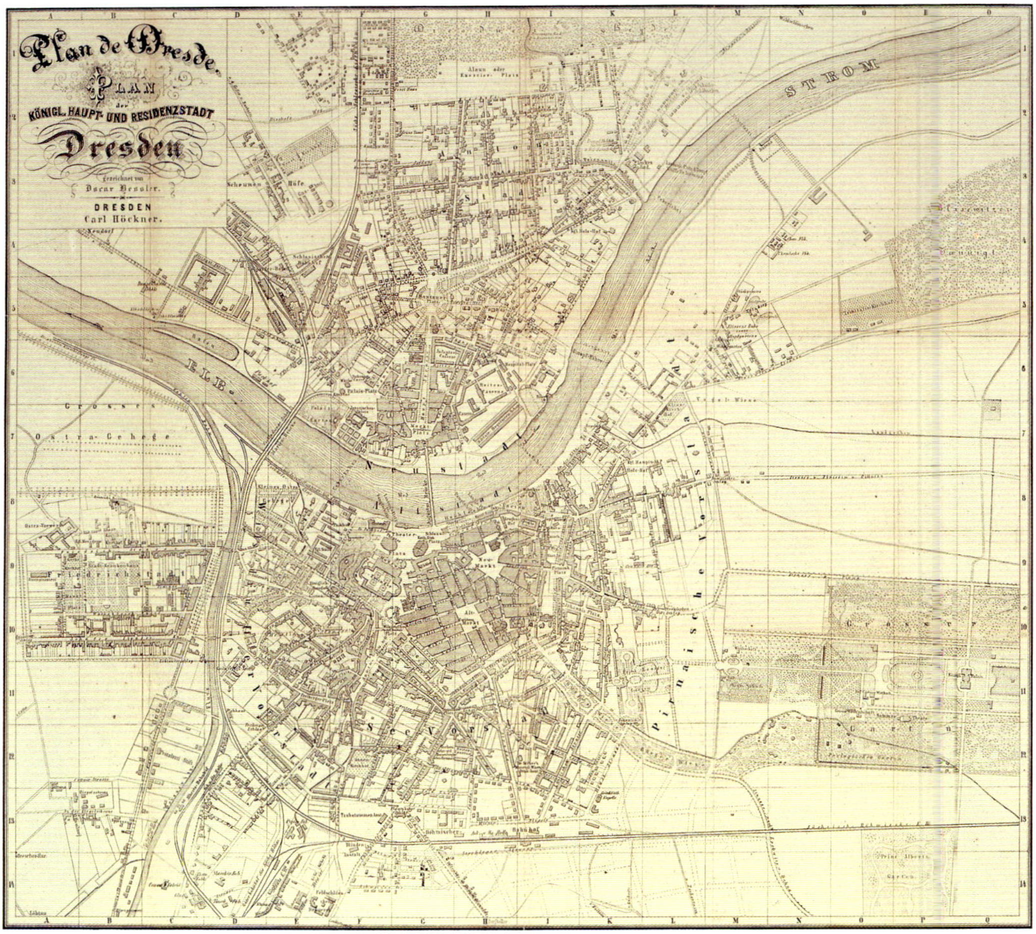

12 Oscar Hessler: »Plan de Dresde. Plan der Königl. Haupt- und Residenzstadt Dresden«, [ca. 1:9000], Dresden um 1862. Steindruck. (Kat. 105)

Ein für die Baugeschichte Dresdens sehr bedeutendes, einmaliges Dokument mit dem Titel »Project zu Ausfüllung des Grabens bey der Königlichen Residenz Stadt Dresden« konnte die Sächsische Landesbibliothek Dresden vor einigen Jahren erwerben (Bild 9).

Der geniale bayerische Oberhofbaumeister François de Cuvilliés, der Ältere (1695–1768), ist der Autor dieser aquarellierten Federzeichnung, die als Vorschlag für die Neugestaltung der verwüsteten sächsischen Residenzstadt zu Papier gebracht wurde. Sie entstand um 1761 in München im Auftrag des sächsischen Kronprinzen Friedrich Christian, der nach der Beschießung Dresdens im Siebenjährigen Krieg durch die Truppen unter Friedrich II. zu seinem Schwager, dem Kurfürsten von Bayern, nach München flüchtete. In diesem Plan, im Maßstab von etwa 1:2600, sind die zerstörten Teile der Stadt farbig hervorgehoben. Anstelle der bereits als militärisch wertlos erkannten Festungsanlagen, vor denen in jener Zeit erst wenige Vorstadtbereiche angesiedelt waren, umgibt die Stadt ein breiter Kranz von Gartenanlagen und Freiflächen, die nach außen durch eine breite Allee begrenzt sind.

Das den damaligen Anforderungen nicht mehr genügende Residenzschloß ist auf dieser Handzeichnung ersetzt durch einen teilweise die Hofkirche einbeziehenden Repräsentationshof, an den sich, zwischen Zwinger und Elbe, ein weiterer, über den heutigen Theaterplatz hinausreichender Hof anschließt. Westlich davon war ein riesiger neuer Schloßkomplex geplant, mit ausgedehnten Parkanlagen entlang der Elbe bis in das Ostragebiet (O) hinein. Die zahlreichen Springbrunnenanlagen im Park sollten zu diesem Zweck mit dem Wasser der Weißeritz gespeist werden. Die Verwirklichung dieses Projektes scheiterte allerdings nicht nur an den ökonomischen Gegebenheiten, sondern auch am Widerstand der Dresdner Bürger, die sich nicht mit der Entfestigung ihrer Stadt abfinden wollten. So erfolgte der Wiederaufbau der Stadt ohne einschneidende Änderungen, und die siebzig Jahre später bei der Schleifung der Festungsanlagen gewählte Lösung hatte nicht mehr die Großzügigkeit des Planes von Cuvilliés.

Der großen Bedeutung von Festungsbauten im 17. und 18. Jahrhundert entsprechend, erfolgte in dieser Zeit die Darstellung solcher Anlagen besonders sorgfältig. Dies kommt auch in den zwei folgenden Plänen von Offizieren der sächsischen Armee zum Ausdruck. Die Handzeichnung von Johann Christoph Schweiger (Bild 10) entstand nach 1770. Sie zeigt die Umgebung der Stadt Dresden im Maßstab von etwa 1:9000 auf einer Fläche von 184 cm x 160 cm und reicht von Wilschdorf im Norden bis Potschappel im Süden sowie von Oberwartha im Westen bis Loschwitz im Osten. Ein Vergleich mit der Ausdehnung der Stadt im 20. Jahrhundert läßt erkennen, daß der überwiegende Teil der auf der Handzeichnung abgebildeten Dörfer bereits Ende des 19. Jahrhunderts beziehungsweise Anfang des 20. Jahrhunderts eingemeindet ist. Interessant ist die von Schweiger mit Bleistift und roter Tusche gestaltete Kartusche, die neben verschiedenen Meßinstrumenten wie Kompaß, Meßkette, Höhenrichtaufsatz und Meßtisch mit Diopter auch eine ganze Reihe von Kriegsgeräten, unter anderem Mörser, Schanzkörbe und spanische Reiter, zeigt, was auf seine berufliche Herkunft als »Premier Lieutnant Ingenieur« der sächsischen Armee hinweist. In den Großbuchstaben FA über der Kartusche kommt zum Ausdruck, daß die mit großer Sorgfalt ausgeführte Karte zur Regierungszeit von Kurfürst Friedrich August dem Gerechten (Regierungszeit 1763–1827) entstanden ist.

Wenige Jahre nach dem Plan von Schweiger entstand 1794 die Handzeichnung mit dem Titel »Grundriß von der Churfürstlich Sächsischen Hauptstadt Dresden« (Bild 11). Einer der bedeutendsten Kartographen des 18. Jahrhunderts, Johann Georg Lehmann, zeichnete diesen Stadtplan als »Unteroffizier der Königlichen Infanterie«. Seine Leistungen auf dem Gebiet der quantitativen Darstellungsmöglichkeiten des Reliefs mittels Böschungsschraffen unter Annahme senkrechter Beleuchtung sowie seine Erfolge auf dem Gebiet der Stadtkartographie deuten sich bereits in diesem ersten von ihm gezeichneten Stadtplan von Dresden an. Der historisch-geographische sowie künstlerische Wert dieser Handzeichnung im Maßstab von rund 1:13 000 liegt zum einen darin, daß das topographische Bild Dresdens wenige Jahre vor der Schleifung der Festungsanlagen (bis zum Jahre

1829) gezeigt wird, und zum anderen in der detaillierten, auch einzelne Häuser, Plätze und Gärten betreffenden Darstellung der sich ausbreitenden Stadt außerhalb der Stadtmauern. Heute ist uns die Vorstellung einer Festung als wesentliches Element dieser Stadt fremd geworden, obwohl sie, wie aus diesem und anderen Stadtplänen ersichtlich, über Jahrhunderte das Leben und das Bild dieser Stadt geprägt hat. Daß wesentliche Teile dieser Festungsmauern als einmalige Relikte erhalten geblieben sind, wird vielen Dresdnern und ihren Besuchern, wenn sie über die Brühlsche Terrasse gehen, kaum noch bewußt. Dieser Teil der Befestigung gehörte seit seinem Umbau im 16. Jahrhundert zu den beliebtesten Aussichtspunkten der Stadt. Dort, wo bis zum Jahre 1874 die Wellen des Elbstromes gegen die Festungsmauern schlugen, führt heute eine belebte Straße am Fluß entlang. Interessant für den Betrachter dieser Karte ist wohl vor allem, daß der Große Garten mit dem 1678 bis 1683 erbauten Palais in seiner Größe und Schönheit völlig losgelöst von der eigentlichen Stadt existierte. Zu Beginn seiner Entstehung im Jahre 1678 war er noch von einer Mauer umschlossen und als kurfürstlicher Garten auch nur dem Adel zugänglich. Auf dieser Handzeichnung von Lehmann deuten die Grabenanlagen noch auf diese Umgrenzung hin.

Mit der industriellen Revolution Mitte des 19. Jahrhunderts veränderte sich auch das Stadtbild Dresdens. Die Ausdehnung der Stadt durch den Bau von Villenvierteln und die Einbeziehung von Vorstädten und Randgemeinden wird in dem von Oscar Hessler gezeichneten Plan der Königlichen Haupt- und Residenzstadt Dresden deutlich (Bild 12). Der im Maßstab von etwa 1:9000 im Steindruck vervielfältigte Plan wurde um 1862 in Dresden bei Carl Höckner herausgegeben. Ein Vergleich mit älteren Stadtplänen zeigt, daß in der ersten Hälfte des 19. Jahrhunderts vor allem in der Neustadt zahlreiche Wohn- und Geschäftshäuser, Kasernen und Fabrikanlagen entstanden sind. Mit der Schleifung der letzten Festungsanlagen 1829 dehnte sich die Stadt auch im Süden und Osten aus. Diese flächenmäßige Erweiterung war verbunden mit einer explosionsartigen Erhöhung der Einwohnerzahl. Betrug die Bevölkerungszahl um 1800 noch etwa 62000 Einwohner, so war Dresden um 1850 bereits eine Großstadt mit etwa 100000 Einwohnern. Bis zur Jahrhundertwende waren es fast 400000. Besonderen Aufschwung nahm die Industrialisierung Dresdens mit dem Bau der ersten deutschen Fernbahn von Leipzig nach Dresden (1836–1838). Die Verbindung der beiden Neustädter Bahnhöfe, Leipziger und Schlesischer Bahnhof, mit dem Altstädter Böhmischen Bahnhof, dem späteren Hauptbahnhof, wurde bereits 1846 bis 1852 fertiggestellt. Wie in den meisten deutschen Großstädten liegen auch in Dresden die Vorstadtbahnhöfe in unmittelbarer Nähe großer Fabrikanlagen.

Dem um die Jahrhundertwende einsetzenden Massentourismus Rechnung tragend, vollzog sich auch in der Stadtplanherstellung ein Wandel. Eine schnellere und bessere Orientierung stand dabei im Vordergrund. Ein Beispiel für die nun in großen Stückzahlen aufgelegten Stadtpläne ist der »Pharus«-Stadtplan von Dresden (Bild 13). Urheber dieses um 1905 vom Pharus-Verlag herausgegebenen Stadtplanes von Dresden im Maßstab 1:11700 ist Dr. Cornelius Loewe. Charakteristische Merkmale der Pharus-Pläne sind neben der Einzeichnung der Bahnhöfe, in der Form von roten Tunneln mit Richtungstafeln, die Abstufung der Straßen und die bildliche Darstellung der wichtigsten kirchlichen und weltlichen Gebäude. So sind neben den berühmten Gebäuden im Stadtzentrum, Zwinger, Semperoper, Hofkirche und Schloß, auch die Ausstellungshalle im Großen Garten, der Aussichtsturm in Plauen, die Hauptmarkthalle am Wettiner Bahnhof und die Blasewitz-Loschwitzer Brücke (»Blaues Wunder«) in der Halbperspektive abgebildet. Zugunsten einer schnelleren Orientierung und größeren Übersichtlichkeit werden Straßen, Plätze, Bahnhöfe und bedeutende Bauwerke im Maßstab überbetont dargestellt. Alle wichtigen innerstädtischen Straßen und Ausfallstraßen sind außerdem weiß ohne Farbeindruck hervorgehoben. Medizinische Einrichtungen erhalten eine spezielle Signatur. Die elektrischen Straßenbahnen, die im Jahre 1900 die letzten Pferdebahnen ablösen und deren Streckennetz sich in nur sieben Jahren, von 1893 bis 1900, auf 115 Kilometer ausbreitet, heben sich durch eine rote Linienführung von der Eisenbahnlinie (schwarz) ab. Besonders auffallend ist die

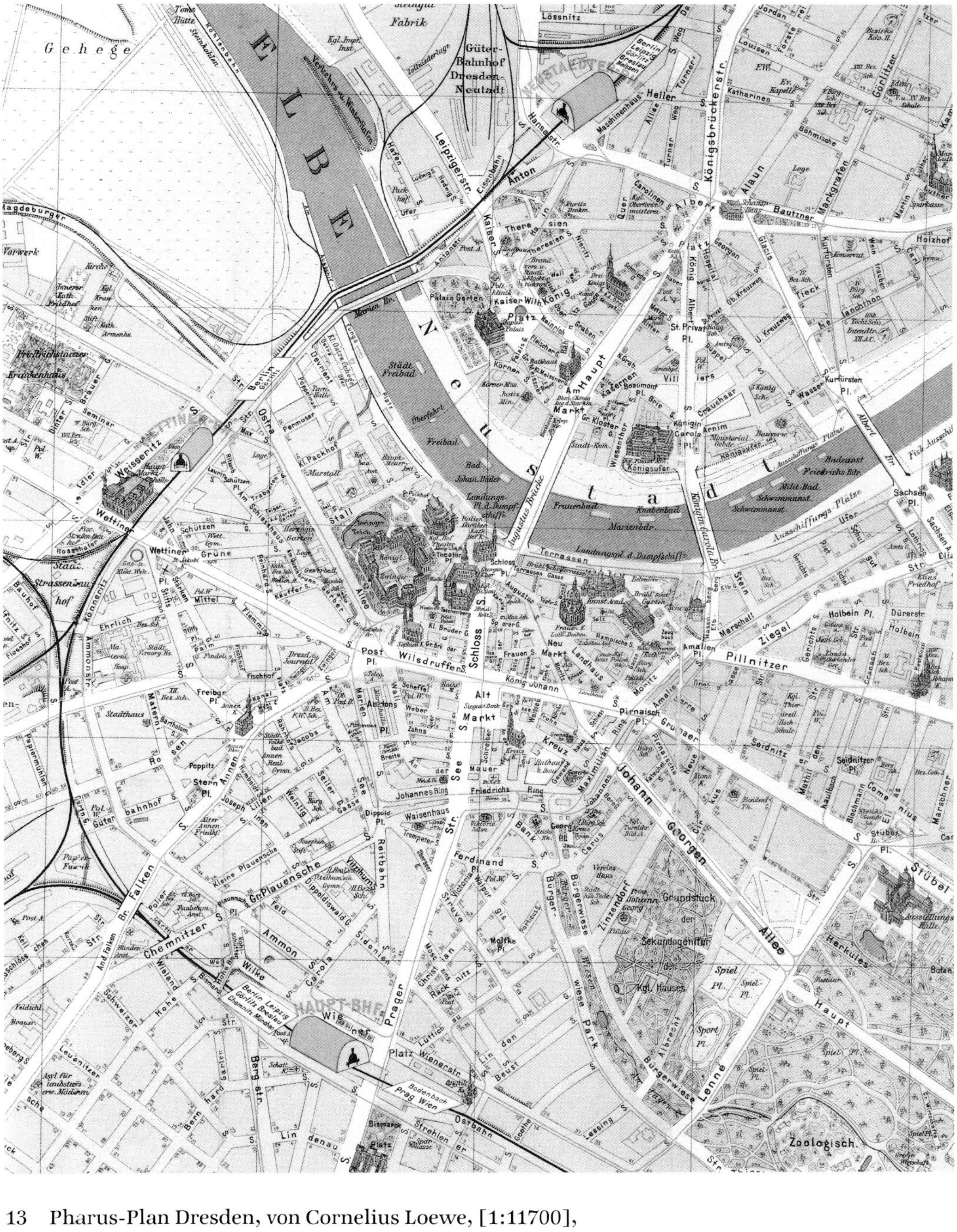

13 Pharus-Plan Dresden, von Cornelius Loewe, [1:11700], Berlin um 1905. Mehrfarbendruck. (Kat. 180)

große Anzahl von grün gestalteten Plätzen, Gärten und Parkanlagen, die neben den berühmten Bauwerken das Bild Dresdens als einer der schönsten Städte Europas prägen. Geplante, aber 1905 noch nicht realisierte Straßen und Bebauungen sind bereits durch eine gerissene Straßenführung angedeutet. Sie zeigen die Ausdehnung der Stadt vor allem im Osten und Süden (Laubegast, Tolkewitz, Gruna, Seidnitz, Strehlen, Zschertnitz, Räcknitz, Plauen, Dölzschen).

Dresden in historischen Ansichten

Die landschaftliche Lage und die Erscheinung der Stadt nach außen, vor allem aber die vollendete Harmonie im Zusammenklang dieser beiden Faktoren ließen Dresden zu einer der am häufigsten abgebildeten Städte Deutschlands werden. Das Stadtbild Dresdens war, wenigstens bis 1945, selbst ein Kunstwerk von europäischem Rang. Dies war die große Herausforderung für die Künstler, die sich um die Wiedergabe dieses Bildes mühten.

Die in den vergangenen 450 Jahren geschaffenen Ansichten Dresdens verdeutlichen die kontinuierliche, von den verschiedensten Umständen beeinflußte Veränderung des Aussehens der Stadt, sowohl in ihrer Gesamterscheinung als auch innerhalb ihrer Mauern. Ebenso läßt sich an der Folge dieser Abbildungen auch die Entwicklung der Stadtansicht als künstlerische Aufgabe verdeutlichen.

Der Ausbau Dresdens zu einer Stadt von Bedeutung begann im 16. Jahrhundert unter Herzog Georg dem Bärtigen und wurde unter seinen Nachfolgern, den Kurfürsten Moritz und August, intensiv fortgesetzt. Die so entstandene, von starken Befestigungsanlagen umgebene Stadt der Renaissance wurde im

18. Jahrhundert unter Friedrich August I. (August dem Starken) und seinem Sohn, Friedrich August II., zur glanzvollen Barockresidenz umgestaltet. Das 19. Jahrhundert schließlich bringt in seinem letzten Drittel auch für Dresden ein rasantes Wachstum, an dessen Ende die kapitalistische Großstadt steht. Die Vorstellung dieser städtebaulichen Entwicklung erfolgt äußerst vielseitig und, entsprechend dem Anliegen und dem Gegenstand der jeweiligen Ansicht, unter mannigfachen Aspekten. Die vergleichende Betrachtungsweise ermöglicht wertvolle Erkenntnisse, nicht nur zur geschichtlichen und baulichen Entwicklung der Stadt, sondern auch zu historischen Ereignissen, kulturgeschichtlichen Besonderheiten, sozialen Veränderungen, technischem Fortschritt und anderem mehr.

Bei den meisten Ansichten ist dabei der informative Gehalt höher zu veranschlagen als der künstlerische Rang. Bis weit in das 19. Jahrhundert hinein wird die Entstehung von Stadtansichten vorrangig durch ein konkretes topographisches beziehungsweise historisches Anliegen bestimmt, weniger durch die Absicht, ein Kunstwerk zu schaffen. Grundsätzlich falsch wäre es jedoch, die so entstandenen Arbeiten als »unkünstlerisch« zu disqualifizieren. Komposition, Staffage, technisches Raffinement und die mehr oder minder ausgeprägte Handfertigkeit bei der Bildausführung sind in jedem Falle Ausdruck künstlerischer Leistung. Andererseits ließ das Bewußtsein der Begrenzung ihres künstlerischen Vermögens viele Autoren ihr Ziel in einer mög-

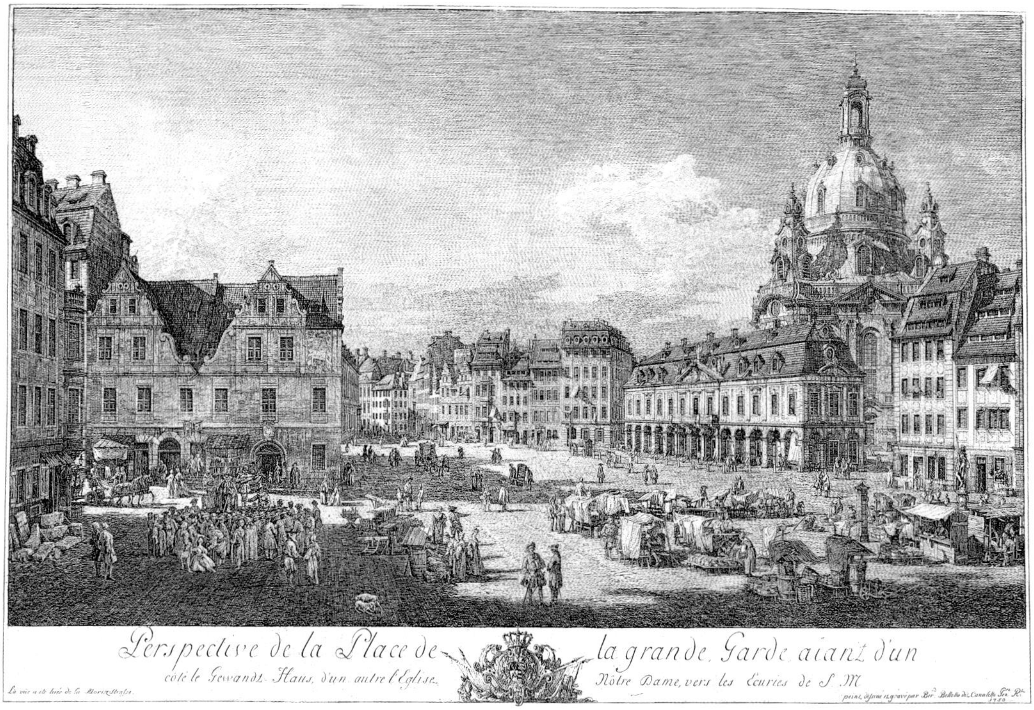

14 Bernardo Bellotto, gen. Canaletto: »Perspective de la Place de la Grande ...«, 1750. Kupferstich.
Die Ansicht zeigt den 1546 angelegten Neumarkt vor den Zerstörungen durch den Siebenjährigen Krieg. Der in die Augustusstraße fallende Blick trifft links das mit zwei Zwerchgiebeln versehene alte Gewandhaus von Paul Buchner (1531–1607), rechts die 1715 von Johann Rudolph Fäsch errichtete Wache. Beide Gebäude fielen den Kriegseinwirkungen zum Opfer. Ganz rechts, von Verkaufsständen eingeschlossen, der später mit einer anderen Figur versehene und auf den Jüdenhof versetzte Brunnen, an dessen Stelle sich seit 1866 das Denkmal für König Friedrich August II. (1797–1854) von Ernst Julius Hähnel (1811–1891) befindet. (Kat. 43)

lichst genauen Wiedergabe des gewählten Bildgegenstandes suchen. So sind selbst Stadtansichten von ausgesprochen lokaler Bedeutung hinsichtlich ihres Quellenwertes sehr hoch einzuschätzen. Exakte Detailtreue kennzeichnet allerdings auch die Veduten Canalettos, die, obgleich mit dem technischen Hilfsmittel der Camera obscura entstanden, zu den besten Leistungen europäischer Städtemalerei des 18. Jahrhunderts gehören.

Was die topographische Eindeutigkeit der Abbildungen betrifft, liegen die Anfänge dieser Malerei, als einer Sonderform der Landschaftsdarstellung, bereits in der ersten Hälfte des 13. Jahrhunderts. Die Stadtansichten des Mittelalters sind durch ein nur geringfügig variiertes Grundschema gekennzeichnet: Hinter dem wenig gegliederten Vordergrund liegt die Stadt in der Horizontlinie. Sie erscheint in mehr oder weniger schematischen Umrissen, bestimmt durch einander ähnelnde Häuser und die sie umgebende, mit Türmen und Toren versehene Mauer. Die Lokalisierung herausragender Bauten erfolgt recht willkürlich, Details sind stark vereinfacht. Eindeutige topographische Bezüge sind somit erst in Ansätzen erkennbar. Für Dresden fehlen derart frühe Darstellungen leider gänzlich.

An der Wende vom 15. zum 16. Jahrhundert werden die Abbildungen sorgfältiger. Es wird das Bemühen spürbar, bestimmte Einzelheiten der Lage und des Aussehens als markante Besonderheiten der jeweiligen Stadt hervorzuheben. Damit entwickelte sich die Form der »topographischen Ansicht«, die in er-

15 »Diagonal Durch Schnitt der neuen Fr.(auen) Kirche in Dresden«, 1734–1738. Kupferstich von Johann Georg Schmidt und Christian Philipp Lindemann. (Kat. 42)

16 »Prospect des Churfürst. Saechs. in dem Residentz Schlosse Dresden sich befindlichen Riesen-Saals zu sammt dem darauf gehaltenen Mohren-Ballete«, 1680. Kupferstich von Johann Azelt.
Der im zweiten Geschoß im Ostflügel des Residenzschlosses gelegene Riesensaal wurde um 1550 durch Caspar Voigt von Wierandt (gest. 1560) angelegt und durch Wilhelm Dilich (1571–1655) ab 1624 neu ausgestaltet. Der Name rührt von den in die Fensterlaibungen gemalten Riesengestalten her. Der repräsentative, bereits 1701 durch einen Brand vernichtete Innenraum soll im Zuge des Wiederaufbaus des Schlosses rekonstruiert werden. (Kat. 51)

17 Blick auf den Zwinger und die Bebauung am Wilsdruffer Tor, um 1770. Lavierte Tuschzeichnung von Christian Gottlob Castelli.
Abgebildet ist die Südwestseite des Zwingers mit dem 1710 bis 1714 erbauten Mathematisch-Physikalischen Salon und dem 1714 bis 1718 zusammen mit den beidseitig anschließenden Langgalerien entstandenen Kronentor, dessen Unterbau durch das Mauerwerk der Bastion Luna gebildet wird. Eine Konzession an die militärische Bedeutung des Festungswerkes bildet die hölzerne, im Gefahrenfall leicht zu beseitigende Brücke über den Wallgraben. Hinter dem Kronentor sind die Dächer des alten Opernhauses und der Franziskanerkirche (der späteren, 1962 abgebrochenen Sophienkirche) sowie der Schloßturm zu erkennen. Rechts im Bild der Turm des Wilsdruffer (Wilschen) Tores, das sich in der Gegend des heutigen Postplatzes befand. (Kat. 75)

ster Linie eine bildliche Information vermitteln sollte. Zu dieser Art der Darstellung sind auch die frühesten Abbildungen von Dresden zu rechnen. Die wohl älteste Ansicht der Stadt ist eine 1555 entstandene Zeichnung des flämischen Malers und Stechers Heinrich van Cleef (1520–1589), der Dresden in diesem Jahr besuchte, vermutlich bei der Rückkehr von einer Italienreise nach Antwerpen. Das Blatt zeigt Dresden vom Neustädter Elbufer aus. 1587 veröffentlichte van Cleef das Motiv als Kupferstich von 17,3 cm x 24,2 cm in seiner Sammlung »Ruinarum ruriumque aliquot delineationes«. Etwa zur gleichen Zeit schuf Gabriele de Tola (1523 – um 1583), der seit etwa 1548 als Maler und Musiker in Dresden tätig war, eine beide Stadtteile zeigende Federzeichnung, die wiederum als Vorlage für einen Kupferstich Franz Hogenbergs (vor 1540–1590) diente; der Stich erschien 1572 in dem Städtebuch »Civitates orbis terrarum« von Georg Braun.

Bei den in der folgenden Zeit entstehenden Ansichten ist immer auch die Rolle der jeweiligen Auftraggeber zu berücksichtigen, die vor allem in der Reihe der sächsischen Kurfürsten zu suchen sind. Ihnen lag daran, gesellschaftliche und soziale Umstände, wie Religiosität, Wohlstand, Macht und Wehrhaftigkeit, bildlich ausgedrückt zu sehen. Entsprechend betont werden auf den Abbildungen die Gegenstände, in denen solche Eigenschaften manifest werden: die Kirchen, das Schloß, die Festungsanlagen.

18 »Ansicht der neuen Dresdner Kreutzkirche«, 1790. Kolorierter Kupferstich von Johann Gottfried Klinsky und Carl Simon Schönheit.
Durch das Bombardement der Preußen wurde 1760 auch die Kreuzkirche weitgehend zerstört. Ihr bis dahin erhaltener Turm stürzte 1765 in sich zusammen. Die klassizistische Turmfront der neuen Kirche wurde von dem damaligen Hofbaumeister Gottlob August Hölzer (1744–1814) entworfen, dessen Schüler Johann Gottfried Klinsky (1765–1828) wir die hier gezeigte Ansicht verdanken. (Kat. 36)

19 Bernardo Bellotto, gen. Canaletto, und Andrea Carassi: »Vuë de la Grande Place du Vieux Marche du Cote de l'Eglis de la S. Croix...«, 1774. Kupferstich. Seit 1550 trägt der erstmals 1370 erwähnte älteste umbaute Platz der Stadt den Namen »Altmarkt«. Im letzten Drittel des 18. Jahrhunderts präsentierte er sich als ein städtebaulicher Bereich von großer Harmonie und Geschlossenheit, der vom Turm der Kreuzkirche dominiert wurde. Eine Aktualisierung des Kupferstiches gegenüber dem als Vorlage dienenden Gemälde erfolgte durch Weglassung des 1760 abgebrannten Kirchturmdaches. (Kat. 34)

20 »Dresden von der Gegend vor dem Weisen Thore«, 1777. Kolorierte Lithographie von August Ludwig Stein. Rechts im Bild, hinter den Wällen der Bastion Sol, liegt das den Ruhm der Stadtsilhouette mitbegründende Ensemble aus Schloßturm, katholischer Hofkirche und evangelischer Frauenkirche. Links davon die von der Brücke halbverdeckte sogenannte Brühlsche Terrasse mit den Bauten und Gartenanlagen für den sächsischen Premierminister Heinrich Graf von Brühl (1700–1763). (Kat. 14)

21 Ansicht des Japanischen Palais', 1795. Aquarell von Goebel.
Neben dem Neustadter Markt und dem vor dem Schwarzen Tor gelegenen heutigen Albertplatz ist der seit 1825 so benannte Palaisplatz die dritte bedeutende Platzanlage der Neustadt. Ihr Bild wird durch das Japanische Palais bestimmt, dessen Mittelpunkt mit der Vorhalle 1730 durch Jean de Bodt erbaut wurde. Im Hintergrund wird der Platz durch den Festungswall mit der Ruine des Weißen Tores abgeschlossen. (Kat. 92)

22 »Äußere Ansicht des Zwingers«, um 1840. Kolorierter Stahlstich eines unbekannten Künstlers.
Ausdruck eines völlig gewandelten ästhetischen Empfindens war die gärtnerische Gestaltung des Geländes um den Zwinger in typischen Biedermeierformen durch den Hofgärtner Carl Adolph Terscheck (1782–1869) im Jahre 1823. Bereits 1812 war der Stadtgraben zugeschüttet worden, der dem unmittelbar auf dem Festungswall errichteten Kronentor mit den anschließenden Langgalerien wesentlich zu seiner Wirkung verhalf. Erst 1929 wurde der Graben im Rahmen der ersten umfassenden Restaurierung des Zwingers unter Hubert Ermisch (1883–1951) in verringerter Breite erneut ausgehoben und so das ursprüngliche Erscheinungsbild der Anlage wenigstens annähernd wiederhergestellt. (Kat. 151)

23 »Parade de la Garde de Grenadiers Electorale a Dresde«, Ende 18. Jahrhundert. Kolorierter Kupferstich von H. (?). Blick vom Jüdenhof über den Neumarkt auf die Frauenkirche und in die Rampische Gasse. Vorne links das ehemalige, 1586 bis 1588 von Paul Buchner (1531–1607) errichtete Stallgebäude nach seinem Umbau zur Gemäldegalerie durch Maximilian von Fürstenhoff (1686–1753) und Johann Christoph Knöffel (1686–1752). Das in den siebziger Jahren des vorigen Jahrhunderts erneut umgebaute und seitdem »Johanneum« genannte Gebäude nahm später das Historische Museum auf und beherbergt heute das Verkehrsmuseum. (Kat. 46)

24 »Ansicht von Dresden«, 2. Hälfte 18. Jahrhundert.
Kolorierter Kupferstich von Andreas Balzer.
Der Blick fällt auf beide Stadtteile. Am Neustädter Elbufer ganz links das Japanische Palais mit daran anschließender bürgerlicher Bebauung, bei welcher der fast freistehende Elbflügel des 1723 entstandenen, später veränderten Wohnhauses Große Meißner Gasse 15 auffällt.
Das mit Vorder-, Mittel- und Hinterhaus sowie den entsprechenden Seitentrakten zwei Höfe umschließende Gebäude überstand das Bombardement von 1945 ebenso wie die folgenden Abbrüche und wurde nach 1982 in den Neubau des Hotels »Bellevue« einbezogen. (Kat. 20)

25 »Dresden vom Waldschlösschen aus«, um 1850. Lithographie von Robert Geissler.
Wie kaum eine andere Perspektive zeigt der Blick vom sogenannten Waldschlößchen aus, in der Gegend der Bautzener Straße, die Harmonie von Stadt und Landschaft. Im linken Bildteil, an der Elbe gelegen, das Landhaus des Steuerrates Anton. Gegenüber, am anderen Ufer, das 1827 errichtete »Wasserpalais auf Cosel«, in dessen Gartenhaus auch Carl Maria von Weber weilte. (Kat. 107)

Beginnend mit den aquarellierten Stadtansichten Albrecht Dürers, entwickelte sich im 16. Jahrhundert die Vedute als porträthafte Wiedergabe einer Stadt oder Landschaft. Sie wird an der Wende zum 17. Jahrhundert zur eigenständigen Bildgattung und ist gekennzeichnet durch topographische Genauigkeit und eine, trotz gefälliger Arrangements, realistische Bildsicht. Ihr unstreitiger Höhepunkt in Dresden sind die bereits erwähnten 14 großartigen Ansichten, mit denen Bernardo Bellotto (Canaletto) uns das Aussehen der Stadt in der Augusteischen Zeit übermittelt hat. Im letzten Drittel des 18. und vor allem zu Beginn des 19. Jahrhunderts überwiegen bei den Gesamt- wie bei den Einzeldarstellungen zunehmend genrehafte Züge. Neben den informativen Gehalt tritt eine mehr ästhetisch bestimmte Betrachtungsweise. Es dominieren »stimmungsvolle« Ansichten.

Mit der Ausweitung des Fremdenverkehrs in der zweiten Hälfte des 19. Jahrhunderts kam es zur Entstehung einer Vielzahl von Ansichten, vor allem in Gestalt wohlfeiler Lithographien, die überwiegend Souvenircharakter haben. Um dem Reisenden bleibende Eindrücke seines Dresdenbesuches zu vermitteln, wurden vorzugsweise die Elbfronten der Stadt, aber auch eindrucksvolle Plätze und bedeutende Einzelbauten auf diesen Blättern wiedergegeben. In dieser Zeit beginnt die Fotografie die Aufgabe eines optischen Informationsträgers zu übernehmen. Zunehmend verdrängt wird die Stadtansicht als Originalkunstwerk auch durch die zunächst nach lithographischen,

26 »Ansicht eines Theils von Neustadt bey Dresden, gegen Mittag«, um 1779. Kupferstich von Carl Gottfried Nestler.
Die seit 1549 mit der Hauptstadt vereinte Siedlung auf der rechten Elbseite trug ursprünglich den Namen »Altendresden«, die nach dem Brand von 1685 und der anschließenden einheitlichen Neubebauung nach Plänen Wolf Caspar von Klengels (1630–1691) in »Neue Königsstadt« umbenannt wurde, aus welcher schließlich »Neustadt« wurde. Der Blick über die Elbe zeigt rechts Bürgerhäuser des 18. Jahrhunderts, links das Japanische Palais, das, durch Friedrich August I. für die Einrichtung als Porzellanschloß geplant, seit 1727 durch Umbau des alten Holländischen Palais' entstand. Die Planung für den Neubau lag bei Matthäus Daniel Pöppelmann (1662–1736), Zacharias Longuelune (1669–1748) und Jean de Bodt (1670–1745). (Kat. 90)

27 »Prospect der Hauptstrasse zu Friedrichstadt bey Dresden ... bis gegen die Stadt«, nach 1760.
Kupferstich von Friedrich Gottlob Schlitterlau.
Die seit 1568 Vorwerk und Kammergut aufweisende Neustadt Ostra erhielt 1728 den Namen Friedrichstadt.
Im Bild die heutige Friedrichstraße mit der 1730 durch Matthäus Daniel Pöppelmann (1662–1736) fertiggestellten Matthäuskirche, in deren Gruft der Baumeister des Zwingers seine letzte Ruhe fand. (Kat. 96)

später nach fotografischen Vorlagen in großen Stückzahlen hergestellte Ansichtspostkarte. Damit endet die Ära der topographisch orientierten Abbildungen der Stadt.

Bereits in den letzten Jahren des 19. Jahrhunderts überwiegen Ansichten, welche ihre Entstehung vornehmlich dem subjektiven Gestaltungswillen des Künstlers verdanken. Obgleich aufs engste an Dresden gebunden, wollen sie doch nicht mehr realistisches Abbild der Stadt sein. Hier lassen sich bedeutende Namen nennen, deren Zahl mit dem Beginn des neuen Jahrhunderts noch zunimmt. Erinnert sei hier nur an Robert Sterl, Ernst Ludwig Kirchner, Karl Schmidt-Rottluff, Erich Heckel und Oskar Kokoschka. Am Ende dieser kurzen Betrachtung soll der Leipziger Historiker Frank-Dietrich Jacob zu Wort kommen:

»Heute, da ein hoher Prozentsatz der Menschen in Städten lebt, die auf einen Blick nicht mehr erfaßbar sind, kann es nicht schaden, sich des geschichtlichen Prozesses zu vergewissern. Erinnern uns nicht die historischen Stadtansichten in bezug auf die Dimension eines Siedlungskörpers an menschlichen Maßstab? Sind sie nicht auch in gewissem Sinn Mahnung, unsere unmittelbare Umwelt Stadt überschaubar und damit erlebbar zu gestalten? Eine Sammlung historischer Stadtansichten ist auch für die Entwicklung des Sehens ein Musterbuch. Der komplexe Charakter dieser Quellen läßt auch auf komplexe Erkenntnismöglichkeiten hoffen.«

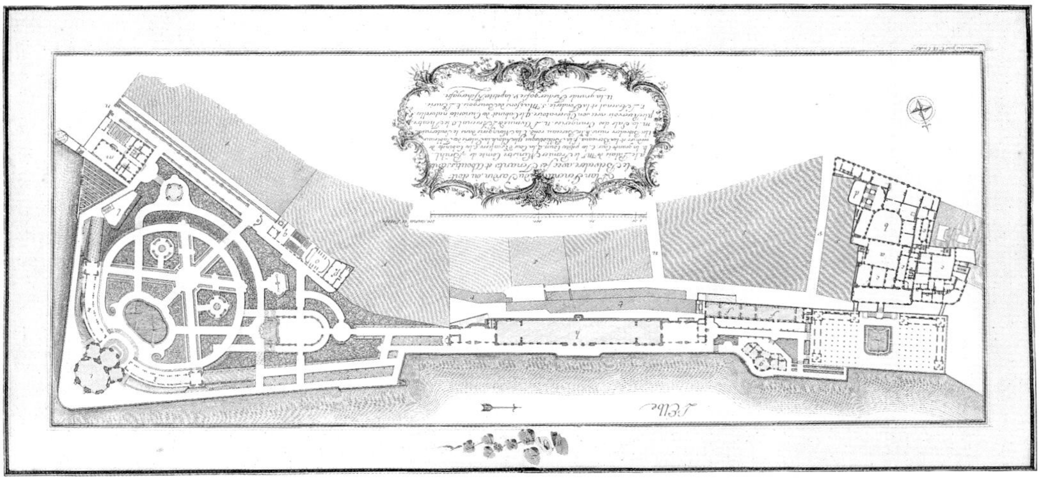

28 »Plan General du Jardin ...«, 1761. Kupferstich von Michael Keyl und C.A. Encke.
Der zunehmenden militärischen Bedeutungslosigkeit der alten Wälle zufolge erhielt der damalige Premierminister Heinrich Graf von Brühl (1700–1763) in den Jahren zwischen 1739 und 1748 nach und nach das Festungsgelände zwischen dem heutigen Schloßplatz und der Jungfernbastion (Bastion Venus) von Friedrich August II. als Bauland geschenkt. Bis zum Beginn unseres Jahrhunderts durch die vor allem von Johann Christoph Knöffel (1686–1752) im Auftrag Brühls errichteten Bauten geprägt, trägt dieser letzte zusammenhängend erhaltene Teil der Dresdener Festungswerke bis heute den Namen »Brühlsche Terrasse«. Auf dem Plan gut erkennbar sind das unmittelbar hinter dem Wall gelegene Brühlsche Palais mit dem vorgelagerten, erst 1989 wiederentdeckten Brunnenbecken, in der Mitte die Brühlsche Galerie (h) und rechts die Gartenanlagen mit dem Belvedere.
(Kat. 85)

Fotografische Zeugnisse: Die Fotografen

Schon in dem als Geburtsjahr der modernen Fotografie geltenden Jahr 1839 gab es in der Kunst- und Residenzstadt Dresden mit Johann Carl Enslen (1759–1848) und Berta Beckmann (1815–1902) bedeutende Pioniere der Fotografie, und mit Hermann Krone (1827–1910) war seit 1852 einer der herausragenden deutschen Fotografen in der Stadt tätig, dem auch die Entwicklung der Fotografie als wissenschaftliche Disziplin mit zu verdanken ist. In Dresden ist somit bereits in der Anfangszeit der Fotografie diese neue Möglichkeit der bildnerischen Darstellung in bedeutendem Maße gepflegt worden, ein Ausdruck auch der geistig und künstlerisch aufgeschlossenen Atmosphäre dieser Stadt.

Mit der Fotografie war es im Vergleich zu grafischen Techniken nicht nur möglich geworden, ein genaueres Abbild der Natur festzuhalten und dieses zu vervielfältigen, sondern auch, sich verändernde Situationen mit hoher Genauigkeit und Vollständigkeit zu erfassen. Dementsprechend diente die Fotografie neben künstlerischen Anliegen von Beginn an der Dokumentation unterschiedlichster Objekte, vom Einzelgegenstand bis zur Stadtansicht und von Zeitereignissen bis zu persönlichen Befindlichkeiten. Der Sammlungsbestand der Deutschen Fotothek der Sächsischen Landesbibliothek spiegelt diese verschiedenen Bereiche fotografischer Tätigkeit wider, wobei geographisch der sächsische Raum und inhaltlich Aufnahmen von dokumentarischem Charakter im Vordergrund stehen. Die hier aus dem Bestand der Deutschen Fotothek vorgestellte Auswahl von Ansichten Dresdens, seiner Bauten und Plätze, seiner Anlage und weiteren Umgebung, will lebendige Eindrücke und Vorstellungen über diese Stadt und ihre jüngere Geschichte vermitteln. Dabei wird, beginnend mit dem Jahre 1860, ein Zeitraum von etwa einhundert Jahren dokumentiert, und es kommen Dresdner Fotografen mit den unterschiedlichsten Auffassungen und technischen Möglichkeiten zu Wort.

Neben bedeutenden Pionieren der Fotografie in Deutschland, wie Hermann Krone (1827–1916), August Kotzsch (1836 bis 1910) und dem Verlag F. und O. Brockmann, sind dies der noch weithin unbekannte Ermenegildo Antonio Donadini (1847–1936), die Landschafts- und Architekturfotografin Else Seifert (1879–1968), der für seine Luftaufnahmen berühmte Walter Hahn (1889–1969), der die Stadtentwicklung seit den zwanziger Jahren unseres Jahrhunderts einfühlsam begleitende Walter Möbius (1900–1959), ebenso wie Richard Peter senior (1895 bis 1977), der unter anderem die Zerstörung Dresdens am 13./14. Februar 1945 in gültiger Weise dokumentierte. Bildzeugnisse weiterer, zum Teil unbekannter Fotografen ergänzen die Auswahl, die neben der Stadt Dresden auch ihre Fotografen in möglichst charakteristischer Weise vorstellen soll.

Von Hermann Krone (1827–1916) besitzt die Deutsche Fotothek nur einige Negative mit Aufnahmen aus der Sächsischen Schweiz, Dresden und Umgebung sowie Positive von ihm selbst beziehungsweise seines Kunstverlags. Bild 35 zeigt das erste Dresdner Hoftheater, das von 1838 bis 1841 von Gottfried Semper erbaut wurde. Das Bauwerk fiel 1869 einem Brand zum Opfer. Neben zahlreichen grafischen Darstellungen aus dieser Zeit besitzen wir mit dieser frühen Fotografie ein getreues Abbild eines für Dresdens Musik- und Kunstleben bedeutenden Bauwerks. Krones Fotografien werden den künstlerischen Ansprüchen der zeitgenössischen Grafik durchaus gerecht, wozu sein Studium an der Dresdner Kunstakademie mit beigetragen haben wird.

Anders als Hermann Krone ist August Kotzsch (1836–1910) in Leben und Werk stärker an Dresden und seinen nahe der Stadt gelegenen Heimatort Loschwitz gebunden. Aber ähnlich wie Krone hatte Kotzsch engen Kontakt zu Dresdner bildenden Künstlern, so vor allem zu Ludwig Richter und dessen Schüler- und Freundeskreis. Um 1860 begann Kotzsch mit fotografischen Arbeiten. Der Bestand der Deutschen Fotothek von 29 Originalplatten Kotzschs ist gegenüber den insgesamt etwa 500 überlieferten Motiven zwar bescheiden, aber charakteristisch. Die Platten entstanden in den Jahren von 1865 bis 1894 und überliefern

29 Residenzschloß, Georgenbau. Arbeitszimmer nach dem Umbau, um 1901. Fotografie von Ermenegildo Antonio Donadini. (Kat. 122)

die Wirkungsstätten jener Künstler, die Einfluß auf seine künstlerische und fotografische Entwicklung nahmen, sowie Motive von Loschwitz und Umgebung. Bild 36 zeigt sein Geburts- und Wohnhaus, ein bescheidenes und idyllisch gelegenes Landhaus, das auch ein beliebtes Motiv für Ludwig Richter war. Bild 37 gibt das bis heute unverändert erhalten gebliebene Gebäudeensemble »Rote Amsel« wieder, das der Maler Eduard Leonhardi 1883 zu einem Künstlerhaus und Ateliergebäude umgestalten ließ. Seinem Vermächtnis entsprechend, wird es heute als Gedenkstätte für Künstler des 19. Jahrhunderts und als Ausstellungsgebäude für junge Künstler genutzt. Aufgrund seiner engen Bindungen an Loschwitz verdanken wir Kotzsch ein detailliertes und mit Hingabe erfaßtes Bild der Lebensumstände seiner Zeit, wichtiger Ereignisse der Lokalgeschichte, viele Naturstudien und eine große Zahl ausdrucksstarker Porträt- und Milieuaufnahmen.

Positive, die das volle Ausmaß der in ihrer historischen Schönheit entstandenen und planmäßig gewachsenen Stadt Dresden zeigen, sind aus dem Kunstverlag F. und O. Brockmann überliefert, der seit 1865 in Dresden ansässig war. Sie stammen aus der Zeit um 1880. Von markanten oder höher gelegenen Standpunkten aus liefern sie uns Ansichten vom Altstädter Ufer, von den vor dem Neustädter Ufer liegenden Elbebädern und weiteren beliebten Motiven, wie etwa der immer wiederkehrenden Ansicht des Terrassenufers (Bild 38). Die Perspektive von der Dreikönigskirche in

30 Internationale Hygiene-Ausstellung 1930/30 in Dresden. Haus für einen Lungenkranken, um 1930. Fotografie von Else Seifert. (Kat. 287)

31 Sempergalerie. Alte Meister, Venezianischer Saal, vor 1945. Fotografie von H. Loos. (Kat. 233)

32 Blick über das Terrassenufer und die Carola-Brücke zur Brühlschen Terrasse, Katholischen Hofkirche, Augustusbrücke und Opernhaus, 1934. Fotografie von Walter Möbius. (Kat. 238)

südliche Richtung auf die Altstadt und in nördliche Richtung über die Neustadt auf die Albertstadt (Bild 39) macht Ausdehnung und Gliederung der Stadt beispielhaft deutlich.

Von ganz anderem Charakter sind die Bilddokumente des bisher als Fotografen weniger bekannten Ermenegildo Antonio Donadini (1847–1936). Nach einer Ausbildung im Atelier von Hans Makart und Karl von Piloty kam er 1881 von Wien nach Dresden und leitete das Atelier für Theaterdekoration an der Kunstgewerbeschule. Sein künstlerisches Schaffen war sehr vielseitig. Monumentalmalereien in Schlössern und Kirchen belegen seinen Rang als Historienmaler. Als Restaurator leistete er bei der Abnahme und Wiederanbringung von Fresken Hervorragendes, so bei der Umsetzung des Deckengemäldes von Louis de Silvestre aus dem Brühlschen Palais in das Kunstgewerbemuseum. In seiner Tätigkeit als Fotograf ließ sich Donadini sowohl von den Belangen der Fotografie als auch von denen der Restaurierung leiten. Seine Dresdner Motive geben in sehr stimmungsvoller Weise bekannte Stadtansichten wieder (Bild 40) und unterstreichen durch Konzentration auf das Wesentliche ihren dokumentarischen Charakter. Donadinis engerem Kontakt zum sächsischen Königshaus verdanken wir unter anderem Innenaufnahmen vom Arbeitszimmer im Georgenbau des Residenzschlosses (Bild 29). Mit den inhaltlich weitgespannten Motiven Donadinis kann das gesellschaftliche und politische Leben in der Residenzstadt zur Jahrhundertwende gut belegt werden.

33 Frauenkirche. Blick aus der Kuppel auf den Altar, 1930. Fotografie von Walter Möbius. (Kat. 202)

34 Nordwestlicher Teil der Altstadt und Zwinger von Südwesten, 1933. Fotografie von Walter Hahn. (Kat. 186)

35 Hoftheater I, erbaut von Gottfried Semper in den Jahren 1838 bis 1841. Ansicht vom Theaterplatz. Zerstörung 1869. Vor 1869. Fotografie von Hermann Krone. (Kat. 129)

36 Loschwitz, Kotzschhaus. Arbeitsstätte Ludwig Richters von 1852 und 1857, um 1865. Fotografie von August Kotzsch. (Kat. 170)

37 Loschwitz, »Rote Amsel« (Leonhardi-Museum) mit Ludwig-Richter-Denkmal, 1884. Fotografie von August Kotzsch. (Kat. 174)

38 Terrassenufer. Blick von der Schiffsanlegestelle auf die Brühlsche Terrasse, Hofkirche und Opernhaus, um 1880. Fotografie bei F. und O. Brockmann. (Kat. 155)

39 Dresden-Neustadt. Blick von der Dreikönigskirche über den Albertplatz gegen die Altstadt, um 1880. Fotografie bei F. und O. Brockmann. (Kat. 159)

40 Blick vom Blockhaus über die alte Augustusbrücke auf die Altstadt, um 1889. Fotografie von Ermenegildo Antonio Donadini. (Kat. 164)

41 Japanisches Palais. Blick auf die Gartenseite des Elbflügels, um 1900. Fotografie von Ermenegildo Antonio Donadini. (Kat. 165)

Die seit den zwanziger Jahren in Dresden tätige Fotografin Else Seifert (1879–1968) wirkte nach einigen Semestern Praktischer Fotografie und Architektur an der Technischen Hochschule in Dresden als selbständige Architektur- und Landschaftsfotografin in der Stadt. Von ihr existieren sachliche, schlichte Motive, bei denen Architektur und Landschaft miteinander harmonieren. Neben zahlreichen Landschaftsaufnahmen gelten die Fotografien von der 2. Internationalen Hygiene-Ausstellung 1930 in Dresden als ein Höhepunkt ihres Schaffens. Else Seifert gehörte zur Jury der Ausstellungsfotografen und überlieferte Exponate und Musterbeispiele für Wohnhäuser, die in Verbindung mit Garten- und Grünanlagen errichtet worden waren (Bild 30). Die fotografische Dokumentation von Ausstellungen erstreckte sich natürlich auch auf die ständigen und zeitweiligen Kunstausstellungen, die den Ruf Dresdens als Kunststadt mitbegründet haben (Bild 31).

Von großer Bedeutung sind die Aufnahmen von Dresden und Umgebung aus der Zeit von 1930 bis 1959 von dem Fotografen Walter Möbius (1900–1959), der seit 1925 für das Bildarchiv tätig war. Die ausgewählten Motive zeigen seinen geübten Blick, mit dem er die malerische Lage der Stadt an der Elbe (Bild 32) und ihren Hängen und vom architektonischen Rang einzelner Gebäude und Gebäudeensembles vermittelt. Imposant ist der Blick ins Innere der Frauenkirche aus der Kuppel – eine Perspektive, die den Grundriß der Kirche erkennen läßt (Bild 33).

Ähnlich wie Möbius erfaßte auch Walter Hahn (1889–1969) den Charakter der Stadt als Ganzes und in ihren Details. Er begann zunächst mit Landschaftsaufnahmen insbesondere von der Sächsischen Schweiz. Seit 1932 wandte er sich verstärkt Luftbildaufnahmen zu und schuf umfangreiche Bildserien, bevorzugt von Dresden. Seine Dresdner Luftaufnahmen sind unschätzbare Dokumente für das Wissen um die Stadt. Beispielhaft zeigt er die Innenstadt Dresdens zwischen Zwinger und Kunstakademie, mit Residenzschloß, Frauen- und Sophienkirche vor der Zerstörung (Bild 34). Eine genauere Vorstellung von der Ausdehnung der Stadt entlang der Elbe vom Zentrum in östliche Richtung gibt Bild 42.

Richard Peter senior (1895–1977) war ein weiterer bedeutender Fotograf, der die Stadt Dresden über Jahrzehnte hinweg begleitete. Er war als Amateurfotograf und Bildberichterstatter tätig. Von herausragendem Wert sind seine Aufnahmen der am 13./14. Februar 1945 zerstörten Stadt (Bild 47). In ihnen kommt eine Betroffenheit zum Ausdruck, die diese Fotografien über das bloß Dokumentarische heraushebt. Sie sind in ihrem künstlerischen Rang durchaus vergleichbar mit grafischen Folgen und Gemälden über die zerstörte Stadt, wie sie von den Dresdner Künstlern Wilhelm Rudolph und Theodor Rosenhauer geschaffen wurden. Bild 46 zeigt Rosenhauer an der Staffelei inmitten der Trümmerlandschaft; Abbildung 81 zeigt die Brühlsche Terrasse und die Carolabrücke.

42 Innere Neustadt, Elbbogen und Altstadt gegen Osten. Luftbild von 1932. Fotografie von Walter Hahn. (Kat. 187)

Fotografische Zeugnisse: Die Motive

Die Fotografie brachte für die Darstellung Dresdens in zweierlei Hinsicht eine Bereicherung: erstens zur Abbildung der Schönheit Dresdens, dabei alte Malermotive und ganz neue, zum Beispiel Luftbilder, aufgreifend, sowie zweitens zur Dokumentation der baulichen und allgemeinen Veränderungen des städtischen Lebens, wie sie sich besonders kraß in Zerstörung und Wiederaufbau darstellen.

1 Die Stadt im Elbtal

Dresden liegt sehr reizvoll in der Weitung des Elbtals zwischen den Ausläufern des Osterzgebirges, dem Lausitzer Hochland und dem Elbsandsteingebirge und wird entscheidend von der Elbe geprägt. Die Stadtausdehnung läßt sich an der Elbe von Pillnitz im Südosten bis zu den Radebeuler Weinbergen im Nordwesten verfolgen. Beliebte Standorte zum Fotografieren waren und sind bis heute Luisenhof, Waldschlößchen und Oberloschwitz, von wo aus der Blick auf die Stadt hinüberschwenkt zu den rechtselbischen Hügeln, die den Strom in leicht geschwungenem Bogen begleiten (Bild 43).

2 Dresdens Brücken

Bereits 1287 soll es in Dresden die erste Brücke aus Stein gegeben haben, etwa an der Stelle der heutigen Augustusbrücke. Diese wurde 1727 vom Zwinger-Baumeister Matthäus Daniel Pöppelmann umgebaut und 1907 bis 1910 nach Abriß in formaler Anlehnung an die alte Brücke neu errichtet (Bild 44). Alle anderen Dresdner Elbbrücken im Stadtzentrum entstanden im Zuge der umfassenden Industrialisierung im 19. Jahrhundert ohne Vorgängerbauten. Sie wurden nach der Zerstörung 1945 wiederaufgebaut, die ehemalige Carolabrücke 1967 bis 1971 neu erbaut. Die Hängebrücke zwischen Blasewitz und Loschwitz (1891 bis 1893 erbaut, Spannweite 141,5 m), im Volksmund »Blaues Wunder« genannt, blieb von der Zerstörung durch Bomben oder Sprengung glücklicherweise verschont.

3 Die Brühlsche Terrasse

Die Brühlsche Terrasse – ein Teil der Festungswerke stammt aus der zweiten Hälfte des 16. Jahrhunderts –, auch der »Balkon Europas« genannt, stellt einen vorzüglich geeigneten Ort dar, elbauf- und -abwärts zu blicken sowie den Neustädter Teil Dresdens zu überschauen. Von hier aus wird die Benennung Dresdens als das »deutsche Florenz« wohl am verständlichsten (Bild 32).

Um die Mitte des 18. Jahrhunderts ließ Graf Heinrich Brühl, Premierminister König Augusts III., durch den Architekten Johann Christoph Knöffel einen Garten anlegen sowie ein neues

43 Dresdner Elbtalweitung. Blick vom Luisenhof zum Stadtzentrum, 1936. Fotografie von Walter Hahn. (Kat. 188)

44 Alte Augustusbrücke. Blick von der Brühlschen Terrasse nach Nordwesten, um 1905. (Kat. 193)

Belvedere, ein Palais, eine Gemäldegalerie und eine Bibliothek errichten. 1897 wurde letztere durch den neobarocken Bibliotheksbau der Sekundogenitur ersetzt, der von 1931 bis 1945 die Galerie des 19. Jahrhunderts beherbergte und heute zum Hotel »Dresdner Hof« gehört. Zugunsten des Baus eines Ausstellungsgebäudes für den Sächsischen Kunstverein und eines Neubaus der Kunstakademie (beide von Konstantin Lipsius) mußte die Brühlsche Gemäldegalerie abgebrochen werden (Bild 31).

Vom Schloßplatz führt seit 1804 eine breite Treppe zur Brühlschen Terrasse. Von 1901 bis 1906 entstand neben ihr an Stelle des Finanzhauses und des Brühlschen Palais' das Ständehaus als Landtagsgebäude Sachsens.

4 Plätze und Straßen

Der Theaterplatz

Den Theaterplatz säumen Dresdens bedeutendste Bauwerke: Schloß, Zwinger, Katholische Hofkirche und Opernhaus (Bild 34). Nach dem Umbau der mittelalterlichen Burg (erstmals 1287 erwähnt) galt die Vierflügelanlage des Residenzschlosses als eines der schönsten deutschen Renaissancebauwerke. Der im 18. Jahrhundert auf 97 Meter erhöhte Hausmannsturm bestimmte das Stadtbild wesentlich mit. Eine umfassende Schloßerneuerung erfolgte 1883 bis 1901 (Bild 29). Erst in jüngster Zeit konnte mit dem Wiederaufbau des 1945 zerstörten Schlosses in den alten Renaissanceformen begonnen werden.

Als königliche Orangerie von Matthäus Daniel Pöppelmann 1709 begonnen, entstand in Zusammenarbeit mit dem Bildhauer Balthasar Permoser bis 1732 eine triumphale Festarchitektur. Eine bis dahin selten geglückte Symbiose von Architektur und Bildhauerkunst in der Baugeschichte Europas hatte sich vollzogen. Gottfried Semper schuf von 1847 bis 1854 mit dem Bau für die Königliche Galerie einen monumentalen Abschluß des Zwingerhofes (Bild 31). Von 1924 bis 1936 umfangreich restauriert, wurde der Zwinger am 13. Februar 1945 total zerstört und bis 1964 wiederaufgebaut; gegenwärtig wird er einer neuerlichen Restaurierung unterzogen.

Der Bau des 1. Königlichen Hoftheaters von Gottfried Semper 1841 bildete die nordwestliche Grenze des Theaterplatzes (Bild 35). Nach der Zerstörung durch Brand bauten Gottfried und dessen Sohn Manfred Semper in den Jahren 1871 bis 1878 ein zweites Hoftheater. Zum 40. Jahrestag der Zerstörung von 1945 wurde am 13. Februar 1985 das nunmehr dritte Opernhaus eingeweiht. Es entspricht in seiner äußeren Gestalt und in der des Zuschauerraums im wesentlichen dem Vorgängerbau. An der Nordostseite des Theaterplatzes sowie am Brückenkopf der Augustusbrücke beherrscht die Katholische Hofkirche (Kathedrale) den Elbraum (Bilder 38 und 40). Von dem Italiener Gaetano Chiaveri 1739 bis 1755 erbaut, gilt sie als letzter Bau des römischen Barocks in Europa. Die Altstädter Wache von Karl Friedrich Schinkel (1830 bis 1832 erbaut) und der Bau der Gaststätte »Italienisches Dörf-

45 Großer Garten mit Palais und Ausstellungsgelände nach Nordwesten gegen das Deutsche Hygiene-Museum und das Stadtzentrum, 1933. Fotografie von Walter Hahn. (Kat. 288)

46 Theodor Rosenhauer arbeitet zwischen Trümmern an seinem Ölgemälde »Blick auf das Japanische Palais nach dem Angriff«, 1945.
Fotografie von Richard Peter senior. (Kat. 269)

chen« (zur Erinnerung an die dort für den Bau der Hofkirche wohnenden italienischen Arbeiter) von Hans Erlwein (1911 bis 1913) vervollständigen das Ensemble auf dem Theaterplatz.

Der Altmarkt und die Prager Straße

Der Altmarkt ist die älteste regelmäßige Platzanlage der Stadt, bereits 1370 erstmals erwähnt. Wohnbauten des 16. bis 18. Jahrhunderts und einige Bauten der letzten Jahrhundertwende prägten sein Gesicht. Die Kreuzkirche stand außerhalb des Altmarktes, noch weiter südöstlich das Neue Rathaus mit seinem 98 Meter hohen Turm (Bild 4).

In Fortsetzung des mittelalterlichen Achsenkreuzes entstand 1853 die Prager Straße als Verbindung der Stadt zum Böhmischen Bahnhof. Sie entwickelte sich in den Folgejahrzehnten zu einer der schönsten Straßen Europas.

Der Neumarkt und die Frauenkirche

Der Neumarkt mit seinen Wohn-, Hotel- und Palaisbauten im Barock- und Rokokostil sowie die Frauenkirche (1726–1738) von George Bähr stellen als Gesamtensemble einen Höhepunkt europäischer Baukunst dar.

Der Postplatz

Der Postplatz, ein wichtiger Verkehrsknotenpunkt, befindet sich in der Nähe von Zwinger und Sophienkirche, der ältesten Dresdner Kirche, die 1945 zerstört und 1962 bis 1963 abgebrochen wurde (Bild 34).

Der Neustädter Markt mit Hauptstraße und Albertplatz

Wolf Caspar von Klengel plante nach barocken städtebaulichen Grundsätzen den Wiederaufbau von Altendresden (die heutige Neustadt), das 1685 fast völlig abgebrannt war. Das Blockhaus am Brückenkopf bildete den Auftakt für die Bebauung am Neustädter Markt. Von dort führte die Hauptstraße zum Albertplatz, vorbei an der Dreikönigskirche. Die Königsstraße verlief vom Albertplatz zum Japanischen Palais, Sitz der kurfürstlichen Bibliothek und später der Sächsischen Landesbibliothek mit dem Buchmuseum (Bilder 39 und 41).

5 Das grüne Dresden

Auffallend an Dresden ist auch der hohe Anteil an Grünflächen, vor allem der Elbwiesen und Parkanlagen. Mit der Dresdner Heide hat Dresden sogar ein großes Waldgebiet.

Der Große Garten

Er ist mit einer zwei Quadratkilometer großen Fläche der größte und schönste Park Dresdens und gleichzeitig ein bedeutendes Werk der Landschaftsarchitektur. Mit dem Palais in der Mitte des Großen Gartens, 1678 bis 1683 von Johann Georg Starcke erbaut, war eines der ersten bedeutenden barocken Bauwerke eines

47 Blick vom Rathausturm nach Süden, um 1945.
Fotografie von Richard Peter senior. (Kat. 255)

48 Altmarkt nach Südosten mit Kreuzkirche und Rathausturm, 1965. Fotografie von Hofert. (Kat. 200)

deutschen Künstlers entstanden, der erste Barockbau in Sachsen überhaupt (Bild 45). Im nordwestlichen Teil des Großen Gartens fanden 1911 und 1930 bis 1931 die beiden Internationalen Hygiene-Ausstellungen von Weltruf statt (Bild 30). In Vorbereitung der zweiten entstand in der Längsachse des Großen Gartens nach Entwürfen von Wilhelm Kreis 1927 bis 1930 das Gebäude des Deutschen Hygiene-Museums (Bild 45).

Die Gartenstadt Hellerau

In Verbindung mit den Deutschen Werkstätten von Richard Riemerschmid im Jahre 1907 geplant, war die Gartenstadt in ihrer Gesamtanlage ein großartiges städtebauliches und gesellschaftliches Ereignis zu Beginn des 20. Jahrhunderts. Den geistigen und kulturellen Mittelpunkt bildete das Festspielhaus von Heinrich Tessenow (1910–1912), wo sich 1912 Emile Jaques-Dalcroze mit seiner Tanzschule niederließ, an der auch Mary Wigman und Gret Palucca Schülerinnen waren.

6 Dresden nach der Zerstörung

Bis zum 13. Februar 1945 blieb das strategisch unbedeutende Dresden von Luftangriffen weitgehend verschont. Die Stadt beherbergte gegen Kriegsende möglicherweise noch einmal so viele Menschen (Flüchtlinge, Verwundete, Zwangsarbeiter) wie ihre 600 000 Einwohner. In drei britisch-amerikanischen Luftangriffen starben am 13. und 14. Februar 1945 mindestens 35 000

Menschen in Bombenhagel und brennendem Phosphor. Sogar die Elbe brannte, wie Zeitzeugen berichten. Die Innenstadt wurde total zerstört (Bild 47). Mehr als die Hälfte der Wohnungen Dresdens wurde unbewohnbar.

7 Der Wiederaufbau Dresdens

Wiederaufgebaut wurden außer dem Schloß alle historischen Gebäude rings um den Theaterplatz. Andere, wie das Neustädter Rathaus oder die barocken Wohnhäuser der Rampischen Gasse, waren für einen Wiederaufbau nicht vorgesehen.

In Anlehnung an Formen des Dresdner Barocks entstanden die Ost- und Westseite des Altmarktes in den Jahren 1953 bis 1958 neu (Bild 4). Mit dem Bau des Kulturpalastes (1966–1969) erhielt der Altmarkt seinen nördlichen Abschluß. Der Neuaufbau der Prager Straße als Fußgängermagistrale mit Hotels, Wohnhochhäusern, Gaststätten und Geschäften erfolgte in den Jahren 1965 bis 1974. Die Rekonstruktion einiger barocker Bürgerhäuser an der westlichen Hauptstraße in der Dresdner Neustadt konnte 1979 abgeschlossen werden.

Chroniken, Ortsbeschreibungen und Reiseberichte des 16. bis 18. Jahrhunderts

Ich aber sage, wer in Sachsen nicht hat Dresden gesehen, der hat nichts gesehen.« Ähnlich überschwengliche Urteile über die kursächsische Residenz wie das des Reiseschriftstellers und Abenteurers Johann Limberg in seiner 1690 in Leipzig erschienenen »Denkwürdigen Reisebeschreibung durch Teutschland, Italien, Spanien, Portugall, Engeland, Frankreich und Schweitz etc.« finden sich in der älteren Dresden-Literatur häufig, um nicht zu sagen regelmäßig.

Das war nicht von Anfang an so. Das mittelalterliche Dresden war für den zeitgenössischen Chronisten noch nicht von Interesse. Erst die bedeutsamen Ereignisse und Entwicklungen der sächsischen Landesgeschichte am Ende des 15. und in der ersten Hälfte des 16. Jahrhunderts führten die Stadt aus ihrem Schattendasein heraus. Der Repräsentationswille des Landesherrn, die materiellen Bedürfnisse und die kulturellen Ambitionen einer sich herausbildenden höfischen Gesellschaft ließen Dresden noch im 16. Jahrhundert zu einer der bedeutendsten deutschen Residenzstädte werden und machten es damit für Geschichtsschreiber und die Verfasser der damals weit verbreiteten Landesbeschreibungen und Kosmographien interessant.

So wird die kursächsische Residenzstadt bereits in der 7. Auflage der berühmten »Cosmographia« des Sebastian Münster erwähnt und abgebildet. Es handelt sich dabei um den bekannten Kupferstich von Franz Hogenberg aus Georg Brauns und Franz Hogenbergs »Civitates orbis terrarum« (Köln 1572). Aus der gleichen Zeit sind – allerdings handschriftlich – erste Dresdner Chroniken überliefert. Zu Anfang des 15. Jahrhunderts geht der Pirnaer Dominikanermönch Johann Lindner in seinem »Onomastikon«, einem geographischen Sammelwerk, auf die Stadt ein. Von 1541 bis 1565 führte der Oberstadtschreiber Michael Weiße eine Art Tagebuch. Die Aufzeichnungen des berühmten sächsischen Historiographen Petrus Albinus (1543 bis 1598), der am Ende des Jahrhunderts Sekretär in der kurfürstlichen Kanzlei in Dresden war, wurden auch von späteren Autoren herangezogen. 1591 verfaßte der Dresdner Bürger Daniel Wintzenberger den »Lobspruch der Stadt Dresden«, die älteste topographische Beschreibung der Stadt. Allerdings ist der in Versform gehaltene Text nicht im Original überliefert, sondern nur als Nachdruck in der noch zu erwähnenden »Topographischen Geschichte der Stadt Dresden« von Benjamin Gottfried Weinart aus dem Jahre 1778.

Johann Frenzels »Synopsis Geographica, Oder Kurtze und Eigentliche Beschreibung des gantzen Erdkreises« erschien im Druck ein Jahr später in Dresden. In dem die Stadt betreffenden Abschnitt rühmt er das Zeughaus – eines der größten seiner Zeit in Europa – und das zu diesem Zeitpunkt erst vollendete imposante Stallgebäude mit dem Langen Gang, wo in den folgenden Jahrzehnten glanzvolle Feste und Turniere stattfinden sollten. Schon in diesen frühen Zeugnissen wird deutlich, daß im Falle Dresdens bis fast zum Ende des 18. Jahrhunderts Chroniken, Orts- und Reisebeschreibungen von ihrem Gegenstand her kaum voneinander zu trennen sind. Das wird verständlich, wenn man bedenkt, daß die Geschichte der Stadt in diesem Zeitraum in erster Linie die Geschichte einer fürstlichen Residenz gewesen ist. Nicht nur dem Chronisten, der seine Werke ja zumeist im Auftrag oder wenigstens im Interesse des Hofes verfaßte, auch dem unvoreingenommenen Reisenden mußten die prachtvollen Bauwerke, die Kunstsammlungen und die höfischen Ereignisse und Feste bedeutsamer erscheinen als die städtischen Angelegenheiten und die Alltagswelt der doch weitgehend im Schatten der Hofgesellschaft stehenden Bürger.

Am Ende des 16. Jahrhunderts war Dresden in baulicher Hinsicht zu einer bedeutenden Renaissancestadt geworden, die im Vergleich zum Mittelalter wesentliche territoriale Erweiterungen erfahren hatte, von einer gewaltigen Festungsanlage umgeben war, ein florierendes Wirtschafts- und Kulturleben aufzuweisen hatte und deren Bevölkerungszahl sich verdreifacht hatte. In den Geschichtsdarstellungen und den Landes- und Reisebeschreibungen des 17. Jahrhunderts hatte die Stadt deshalb ihren festen Platz, unbeschadet des Niedergangs, den sie infolge

49 »Das Churfürstl: Sächß: Residentzhauß zu Dresden«.
Kupferstich aus dem Werk von Anton Weck.

des Dreißigjährigen Krieges vorübergehend hinnehmen mußte. Dresden fand Aufnahme in den seinerzeit verbreiteten historisch-geographischen Sammelwerken »Von den fürnembsten Städten Deutschlands« (Leipzig 1607) des Leipziger Humanisten und Historikers Matthäus Dresser (1536–1607) und dem »Theatrum Saxonum« (Leipzig 1608) des Amtsschössers und Historiographen Laurentius Peckenstein (1549–?1618). Auch das bekannte Reisebuch Paul Hentzners, »Itinerarium Germaniae, Galliae etc.« (Nürnberg 1612), geht kurz auf Dresden ein.

Von großem Wert für den Kunst- und Kulturhistoriker sind die weniger bekannten, aus den Jahren 1617 und 1629 stammenden und ursprünglich nur handschriftlich vorliegenden Reiseberichte des Augsburger Patriziers, Kunstliebhabers und Diplomaten Philipp Hainhofer (1578–1647), in denen unter anderem ausführlich die kurfürstliche Kunstkammer im Schloß beschrieben wird. Aus dem Jahre 1627 ist noch die ebenfalls nur handschriftlich überlieferte, mehr stadtgeschichtlich orientierte Darstellung des Dresdners David Otto Schürer als bedeutsam einzustufen. Die Zeit nach dem großen Krieg wird mit Matthäus Merians 1650 in Frankfurt am Main erschienener berühmter »Topographia Superioris Saxoniae, Thuringiae, Misniae, Lusatiae etc.« eröffnet. Der Text über Dresden stammt von Martin Zeiller, die Abbildung zeigt einen Kupferstich nach einer Federzeichnung von Wilhelm Dilich (Bild 1). Von den ausschließlich der kurfürstlichen Hauptstadt gewidmeten Darstellungen jener

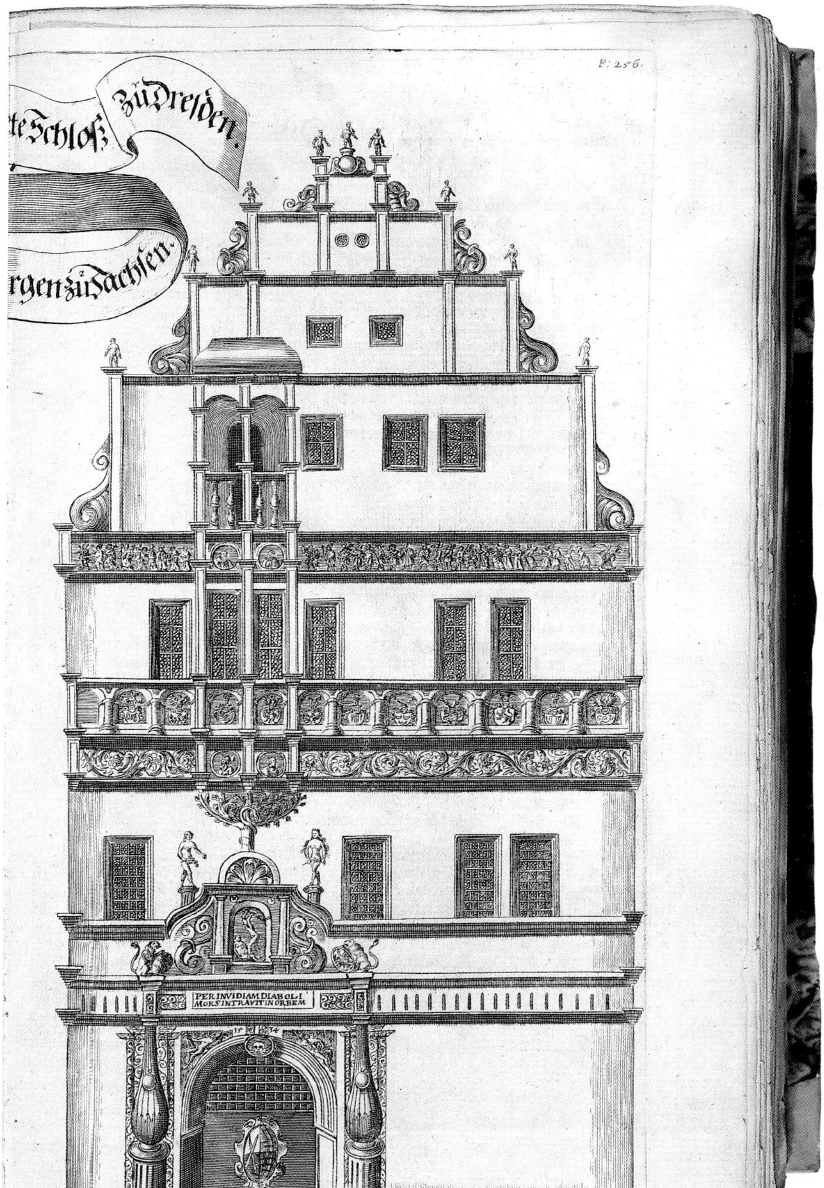

50 Der Georgenbau des Dresdner Schlosses.
Kupferstich aus dem Werk von Anton Weck.

Zeit fand der »Ursprung Alten Dresden, auch jetziger Churf. Sächsischer Residentz und Hauptfestung« des Dresdner Notars Heinrich Spilner (um 1600–1670) weite Verbreitung (1. Aufl. Dresden 1661).

Zwei Jahrzehnte später, 1680, erschien in der renommierten Nürnberger Buch- und Kunsthandlung Johann Hoffmann das zweifellos bedeutendste Werk der älteren Dresdner Stadtgeschichtsschreibung: Anton Wecks (1623–1680) »Der Churf. Sächsischen weitberuffenen Residentz und Haupt-Vestung Dresden Beschreib- und Vorstellung«. In dem voluminösen, prachtvollen Quartband des kurfürstlichen Rates und Diplomaten werden alle Bereiche der Stadtgeschichte behandelt. Weck stellte die Geschichte der städtischen und kirchlichen Einrichtungen und der Ratsverfassung dar, berichtet aber auch über Kriegsereignisse, die großen Hofbegebenheiten, über Hungersnöte, Naturkatastrophen, Hexenverbrennungen, Fälle von Mißgeburten und anderen wundersamen Geschehnissen. Im 17. Jahrhundert lagen exakte Naturbeobachtung, wissenschaftliche Betrachtungsweise und naiver Wunderglauben eben noch dicht beieinander. Wie in allen stadtgeschichtlichen Werken bis zur Mitte des 18. Jahrhunderts wird stolz auf das vermeintlich hohe Alter Dresdens und die angebliche Stadtgründung zur Zeit Karls des Großen hingewiesen.

Ein besonderes, mit zahlreichen Urkunden versehenes Kapitel zur sächsischen Landesgeschichte weist Weck als einen be-

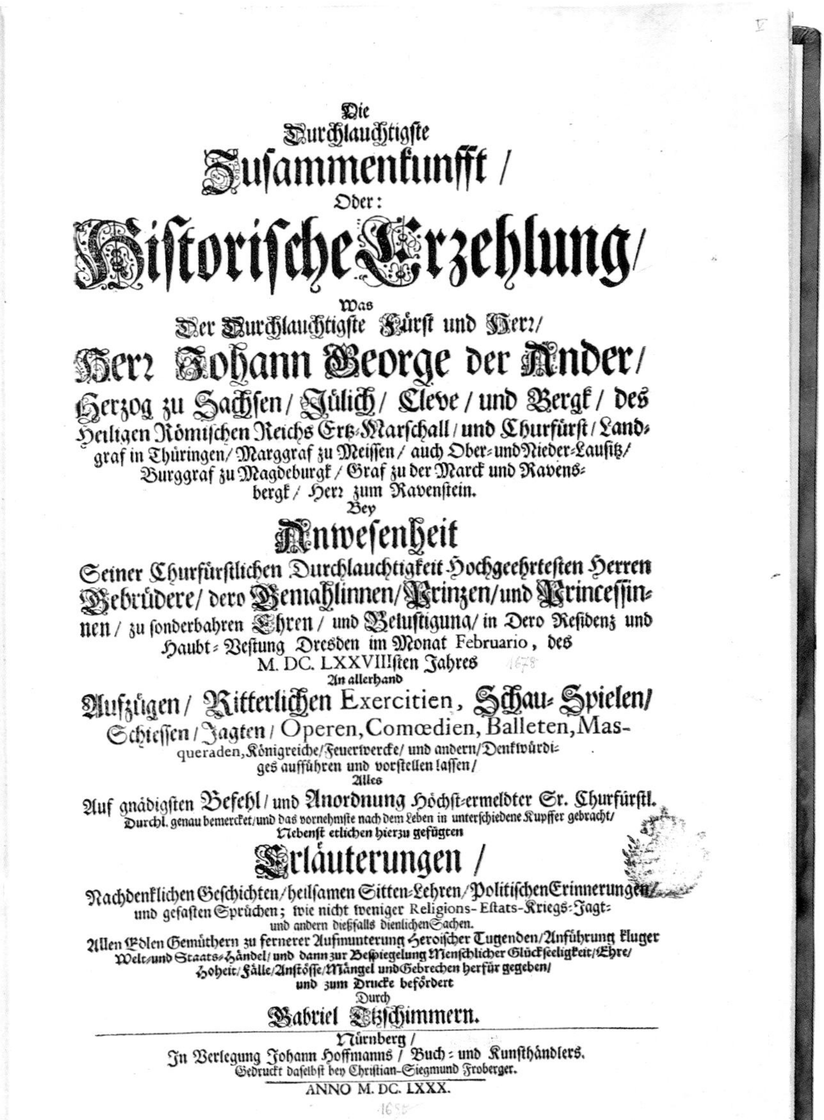
Die
Durchlauchtigste
Zusammenkunfft /
Oder:
Historische Erzehlung /
Was
Der Durchlauchtigste Fürst und Herr /
Herr Johann George der Ander /
Hertzog zu Sachsen / Jülich / Cleve / und Bergk / des
Heiligen Römischen Reichs Ertz-Marschall / und Churfürst / Land-
graf in Thüringen / Marggraf zu Meissen / auch Ober- und Nieder-Lausitz /
Burggraf zu Magdeburgk / Graf zu der Marck und Ravens-
bergk / Herr zum Ravenstein.
Bey
Anwesenheit
Seiner Churfürstlichen Durchlauchtigkeit Hochgeehrtesten Herren
Gebrüdere / dero Gemahlinnen / Printzen / und Princessin-
nen / zu sonderbahren Ehren / und Belustigung / in Dero Residenz und
Haubt- Vestung Dresden im Monat Februario, des
M. DC. LXXVIIIsten Jahres
An allerhand
Aufzügen / Ritterlichen Exercitien, Schau- Spielen /
Schiessen / Jagten / Operen, Comœdien, Balleten, Mas-
queraden, Königreiche / Feuerwercke / und andern / Denckwürdi-
ges aufführen und vorstellen lassen /
Alles
Auf gnädigsten Befehl / und Anordnung Höchst-ermeldter Sr. Churfürstl.
Durchl. genau bemercket / und das vornehmste nach dem Leben in unterschiedene Kupffer gebracht /
Nebenst etlichen hierzu gefügten
Erläuterungen /
Nachdencklichen Geschichten / heilsamen Sitten-Lehren / Politischen Erinnerungen /
und gefasten Sprüchen; wie nicht weniger Religions- Estats- Kriegs- Jagt-
und andern diessfalls dienlichen Sachen.
Allen Edlen Gemüthern zu fernerer Aufmunterung Heroischer Tugenden / Anführung kluger
Welt- und Staats-Händel / und dann zur Bespiegelung Menschlicher Glückseeligkeit / Ehre /
Hoheit / Fälle / Anstösse / Mängel und Gebrechen herfür gegeben /
und zum Drucke befördert
Durch
Gabriel Tzschimmern.

Nürnberg /
In Verlegung Johann Hoffmanns / Buch- und Kunsthändlers.
Gedruckt daselbst bey Christian-Siegmund Froberger.
ANNO M. DC. LXXX.

51 Tzschimmer, Gabriel: »Durchlauchtigste Zusammenkunfft …«, Nürnberg (Hoffmann) 1680. Titelblatt. (Kat. 87)

deutenden sächsischen Historiker des 17. Jahrhunderts aus. Ansonsten überwiegt auch bei ihm, wie der Titel seines Buches bereits verkündet, die ausführliche Beschreibung der Stadt, ihrer Befestigungsanlagen, der Rathäuser, der Kirchen und deren »prächtige Chur und Fürstlichen ja königlichen und anderen kostbaren« Gebäude mit ihren Sammlungen. Sogar einzelne Gassen der Innenstadt erwähnt Weck. Seinen besonderen Wert erhält das Werk auch durch die beigefügten Illustrationen. Die von Nürnberger Künstlern stammenden Kupferstiche stellen in den meisten Fällen die ältesten veröffentlichten Abbildungen der großen repräsentativen Bauwerke der Stadt dar, etwa das Georgentor und das Zeughaus. Aufgrund der Illustrationen ist ein weiteres, ebenfalls 1680 bei Hoffmann in Nürnberg erschienenes barockes Prachtwerk erwähnenswert, das anläßlich des Treffens der Herrscher der drei albertinischen Sekundogenitur-Fürstentümer mit Kurfürst Johann Georg II. im Jahre 1678 in Dresden verfaßt wurde: die von dem Schriftsteller und Dresdner Bürgermeister Gabriel Tzschimmer (1629–1692) verfaßte »Durchlauchtigste Zusammenkunft«. Die weitschweifigen Schilderungen der Festlichkeiten sind in stadtgeschichtlicher Hinsicht zwar von untergeordnetem Wert. Die beeindruckenden Abbildungen der einzelnen Festumzüge stellen aber zugleich sehr detailliert einzelne Gebäude und wichtige Straßenzüge und Plätze der Stadt dar und geben somit auch Aufschluß über den Zustand des bürgerlichen Wohnbaus. Der Historiker Otto Richter hat diese Straßenansichten mit der Bebauung von 1890 und mit Archivmaterial verglichen und diese Bildquellen für die Dresdner Häusergeschichte nutzbar gemacht (»Dresdner Straßenansichten von 1678 nebst Erläuterungen«, Dresden 1892).

Es ist erstaunlich, daß die »Augusteische Zeit«, die bedeutendste Epoche in der Geschichte Dresdens, keine solch großen, repräsentativen Darstellungen hervorgebracht hat. Allerdings treten nun neben vielen kleinen Schriften die ersten Dresdner Journale und Zeitungen als wichtige zeitgeschichtliche Quellen auf. Aufgrund dieser Situation besitzt das erstmals 1719 in Leipzig aufgelegte und in erweiterten Fassungen noch zweimal (1723 und 1726) erschienene Büchlein des damals stadtbekannten Auktionators, Journalisten, Schriftstellers und Herausgebers Johann Christian Crell (1690–1762, Pseudonym: Iccander) mit dem emphatischen Titel »Das fast auf dem höchsten Gipfel der Vollkommenheit und Glückseligkeit prangende Dresden« einen besonderen Wert. Crells Beschreibung der Stadt ist vor allem eine Quelle zur Baugeschichte Dresdens in den ersten Jahrzehnten des 18. Jahrhunderts. Zahlreiche Einzelheiten über gerade erbaute oder im Bau befindliche Wohnhäuser finden sich hier. Vom schon erkennbaren Glanz des im Entstehen begriffenen barokken Dresden schien der Verfasser geradezu überwältigt zu sein, wenn er schreibt: »Die Königliche und Chur-Fürstliche Sächsische Residentz und Haupt-Vestung ist viel zu groß, daß man von ihrer Magnificence und Pracht einen vollkommenen Abriß

52 »Der Diana-Aufzug mit der Jägerey aus dem Churf: Sächs: Jäger=Hause, durch Altdendreßden über die Elb: Brücke dem Churf: Stall-Gebäude vorbey uber dem Marck bis an die Moritz-Strase«. Kupferstich aus dem Werk von Gabriel Tzschimmer. (Kat. 26)

machen könne. Denn sie zeiget auf einmal alles, was sonst eintzeln in gantz Europa, obschon in größerer Menge anzutreffen. Sie ist nach eines gelehrten Ausländers Ausspruch, ein kleines Paradieß …«

Ähnlich begeistert äußerten sich Reisende jener Zeit. Hier fließen die Quellen reichlicher. Während der berüchtigte Baron von Poellnitz (1692–1775) offensichtlich in seinem 1734 in Amsterdam erstmals veröffentlichten »La Saxe galante« und in seinen Memoiren mehr Wert auf schlüpfrige Anekdoten vom Hof legte, sind die Eindrücke, die Johann Michael von Loen (1694 bis 1776), der spätere preußische Regierungspräsident und Großonkel Goethes, nach seinem Besuch der Residenz im Jahre 1718 vom Leben am Hof und in der Stadt später in seinen »Moralischen Schildereyen« wiedergab, von größerer Aussagekraft. Ein recht farbiges Bild von der kursächsischen Metropole zeichnete der Schriftsteller David Faßmann (1683–1744) in seiner 1721 in Leipzig anonym erschienenen Weltbeschreibung unter dem etwas merkwürdigen Titel »Der auf Ordre und Kosten seines Kaisers reisende Chinesier, was er von dem Zustand und Begebnissen der Welt … Bericht erstattet«. In den belebten Straßen der Dresdner Innenstadt sah er »alle Augenblicke« Kutschen »bey sich vorbei passieren«. Über den Hof Augusts des Starken – Faßmann schrieb übrigens auch eine der ersten Biographien dieses Wettiners – bemerkte er: »Nirgendwo in gantz Europa mögen … dergleichen herrliche Divertissements und Erstaunens würdige,

53 »Der Sieben Planeten und des Nimrods Aufzugk mit seinen 36 Reichs=Nachfolgern zum Ringk= und quintan=Rennen, aus dem Churf: S: Zeügk=Hause durch die Rammische durch die Moritz=Strasse, und Creuz=Gasse«.
Kupferstich von Siegmund Gabriel Hipschmann und M. Klezl, aus dem Werk von Gabriel Tzschimmer. (Kat. 31)

54 »Prospect der einen Seiten des Churfürstlichn Sächs: Stalles sampt der Unter=Guardia Aufführung zur Musterung«. Kupferstich aus dem Werk von Gabriel Tzschimmer.

in Aufzügen, Opern, Feuer-Wercken, Illuminationen ..., Fuß- und Pferd-Tournieren, Schießen, Caroussels, Damen-Rennen, Bällen und Festen, Comoedien, Jagen ... bestehende Dinge als eben allhier in Dreßden, gesehen worden seyn.«

Wesentlich nüchterner hören sich da die Ausführungen des schwedischen Landrichters Jonas Apelblad an, der 1755 Dresden besuchte (»Beschreibung einer Reise durch Ober- und Niedersachsen und Hessen«, Berlin, Leipzig 1785). Fast widerstrebend gibt auch er zu, daß »Dresden ... wohl unter die schönsten Hauptstädte Europas gerechnet werde ...«, fügt aber mißbilligend hinzu, daß in der Stadt großer Luxus herrsche, »nicht allein unter den Vornehmen«. Er habe »sich auch unter den großen Haufen gemischt, und fast ein jeder bringt sich auf seine Art, durch Überfluß in Tafel, Kleidung und anderen Aufwand, in Armuth und Elend. Man erzählte mir, daß Mittelstandsleute ihren Kaffee nicht einmal, sondern mehrmals des Tages tränken ...« Apelblad macht darüber hinaus nützliche Angaben über die städtische Wirtschaft und die Dresdner Behörden. Nur wenig später hätte der spröde Nordländer wohl anders über die Stadt berichtet, denn der Siebenjährige Krieg machte in Dresden dem vermeintlichen Luxus in den Mittelstandsschichten ein Ende. Über die Kriegsereignisse um die Stadt, besonders die Beschießung im Sommer 1760, berichten nicht nur der preußische Offizier Johann Wilhelm von Archenholtz in seiner »Geschichte des Siebenjährigen Krieges« (Frankfurt am Main, Leipzig 1788) oder in einem Brief der damals in Dresden lebende Schriftsteller Gottlieb Wilhelm Rabener (1714–1771). Auch zahlreiche weitere kleine Schriften sind aus jener Zeit überliefert.

Nach 1763 zogen sich Hof und Adel vom gesellschaftlichen Leben der Hauptstadt merklich zurück. Das Bürgertum nahm nur zaghaft deren Stelle ein. Verflogen war vorerst das weltstädtische Flair der Stadt. Was dem Chronisten aber blieb, waren die Zeugnisse einer großen Vergangenheit. Deshalb nahmen auch in den entsprechenden Darstellungen der folgenden Jahre die großartigen Bauwerke und die einzigartigen Kunstsammlungen einen breiten Raum ein. Reisende hielten es weiterhin für unerläßlich, der Stadt, die Johann Gottfried von Herder 1803 erstmals als »deutsches Florenz« bezeichnen sollte, einen Besuch abzustatten. Zugleich aber richteten sie jetzt verstärkt, aufklärerischem Bildungsstreben verpflichtet, ihr Augenmerk auf die Bereiche des städtischen Lebens. Friedrich Krebel beispielsweise ging in seinem bekannten Reisebuch »Die vornehmsten europäischen Reisen ...« (Hamburg 1767) auch ausführlich auf die wirtschaftlichen Verhältnisse in Dresden ein. Der sächsische Bibliograph und Historiker Benjamin Gottfried Weinart (1751–1813) beschrieb in seiner eingangs schon erwähnten »Topographischen Geschichte der Stadt Dresden« (Dresden 1778) die Stadt so, wie sie sich ihm im letzten Drittel des 18. Jahrhunderts zeigte, eine Stadt, die »in sich beinahe alle Merkwürdigkeiten von Sachsen versammelt hat«. Aber auch er hält noch andere Dinge für be-

55 »Ander Prospect des Churfl: S: Schloshofes Worbey das ander Lust= und Wilde Schweins Jagen zusehen«. Kupferstich von Johann Azelt, aus dem Werk von Gabriel Tzschimmer.

merkenswert, wie etwa die noch aus der Zeit des Siebenjährigen Krieges stammenden Ruinen, die Lebensbedingungen der Bürger und die erstaunlich vielen Touristen. Er gibt außerdem einen Abriß der Stadtgeschichte und der Stadtgeschichtsschreibung. Achtundzwanzig wertvolle, zum Teil seltene Abbildungen (Kupferstiche) der Stadt und ihrer Umgebung ergänzen sein Buch.

Verbreitet war seinerzeit auch die auf Anregung Lessings von dem Schriftsteller und kurfürstlichen Bibliothekar Karl Wilhelm Daßdorf (1750–1812) verfaßte »Beschreibung der vorzüglichen Merkwürdigkeiten der Churf. Residenzstadt Dresden« (Dresden 1782), die teilweise schon den Charakter eines Reiseführers trägt. Reiseliteratur war in der Zeit vor der Französischen Revolution schon zu einem Mittel der politischen Aufklärung geworden. Nach 1789 verstärkte sich diese Tendenz, und die Autoren kritisierten jetzt konkret gesellschaftliche Mißstände. Einem Georg Friedrich Rebmann (1768–1824) – der bedeutende Publizist lebte von 1792 bis 1794 in Dresden – ging es nicht mehr um die Schilderung von Sehenswürdigkeiten und allgemeinen Reiseeindrücken. Er bediente sich dieses literarischen Genres, um mit beißendem Spott, aber auch mit Verbitterung seine Gesellschaftskritik anzubringen. So registrierte er unter anderem in seinen »Wanderungen und Kreuzzügen durch einen Teil Deutschlands« (Altona 1795) die »knechtische Unterwürfigkeit« vieler Dresdner Bürger gegenüber dem Hof und ihren Mangel an »humanitärer Bildung« und »Aufklärung«.

56 »Ansicht des Markts zu Neustadt bey Dresden«. Stich nach einer Zeichnung von Christian Gottlieb Langwagen. Aus: Weinart, Benjamin Gottfried: »Topographische Geschichte der Stadt Dresden, und der um dieselbe herum liegenden Gegenden«, Dresden (Hilscher) 1777. (Kat. 89)

Die ältere Dresdner Stadtgeschichtsschreibung fand mit den Arbeiten des Festungsbaupredigers der Stadt, Johann Christian Hasche (1744–1827), ihren Abschluß. Seine »Umständliche Beschreibung Dresdens mit all seinen inneren und äußeren Merkwürdigkeiten« (Leipzig 1781–1783) bietet auf 1700 Seiten in zwei Bänden eine ausführliche Darstellung der Stadtgeschichte und gibt sehr detailliert den topographischen Zustand Dresdens am Ende des 18. Jahrhunderts wieder. Aufgrund des Faktenreichtums – der Verfasser beschreibt unter anderem alle einzelnen Gassen der Stadt und die Geschichte der wichtigsten Wohnhäuser – ist das Werk noch heute für jeden Heimatforscher eine wahre Fundgrube. Hasches Hauptwerk war jedoch seine erst 1816 bis 1822 in Dresden erschienene sechsbändige »Diplomatische Geschichte Dresdens bis auf unsere Tage«. Sie sei hier erwähnt, weil sie inhaltlich noch in der Tradition der Aufklärung steht. Ansonsten werden hier bereits neue Wege beschritten. Es ist die erste Dresdner Stadtgeschichte, die auf topographische Beschreibungen verzichtet und in der Dresden nicht mehr nur unter dem Gesichtspunkt der Residenzstadt gesehen wird. Vielmehr werden alle Bereiche der Stadtgeschichte vor dem Hintergrund der sächsischen und deutschen Geschichte gleichberechtigt behandelt.

Hoffeste

Unter den mittelalterlichen Handschriften zählen die »Turnierbücher« wegen ihrer Anschaulichkeit zu den besonderen Kostbarkeiten. Die Darstellung der ritterlichen Kampfspiele an den Höfen fand zur Zeit des Kaisers Maximilian I. ihren Höhepunkt. Namhafte Künstler wie Hans Burgkmair der Ältere, Lucas Cranach der Ältere und Albrecht Dürer haben dieses Thema aufgegriffen.

Auch die Sächsische Landesbibliothek besitzt unter ihren Schätzen eine Reihe von Darstellungen von Turnieren am sächsischen Hof, zum Beispiel das »Turnier- und Cartel-Buch zum Fußturnier, zum Frey-Rennen, zur Pallia ...« aus der zweiten Hälfte des 16. Jahrhunderts. Während im Mittelalter bei den Turnieren ernsthafte Zweikämpfe ausgefochten wurden, traten nach Einführung der Schußwaffen eher wettkampfähnliche Spiele oder Reiterspiele ohne Gegner an deren Stelle, etwa das »Ringelstechen« oder das »Caroussel«, bei dem Türken- oder Mohrenköpfe aus Pappe oder Holz von Pfählen heruntergestochen werden mußten. Diese Spiele bildeten auch am sächsischen Hof einen festen Bestandteil der Hoffestlichkeiten, die meistens einige Wochen dauerten. So wurde den versammelten Gästen jeden

Tag Neues geboten. Es wechselten Festessen, Ballett, Theater- und Opernaufführungen, Jagden, Büchsenschießen, Schlittenpartien, Fechtturniere, Feuerwerk, Inventionen (phantastische Aufzüge) und anderes miteinander ab.

Anlässe zu diesen Festlichkeiten mußten nicht erst gesucht werden. Es gab die durch den Jahreslauf bedingten, die familiären (Geburten, Verlobungen, Hochzeiten) und die politischen Anlässe (Fürstenbesuche, Krönungen, Sieges- und Friedensfeiern). Die Fastnachtsfeierlichkeiten waren zum Beispiel unter dem Kurfürsten Johann Georg II. oft Anlaß für »Familientreffen«, bei denen wichtige Angelegenheiten des Hauses Sachsen verhandelt wurden. So kennen wir die »Vertrauliche und fröhliche Zusammenkunft« des Jahres 1672 und die »Durchlauchtigste Zusammenkunft« des Jahres 1678. Das letztgenannte Fest wurde von Gabriel Tzschimmer auf 562 Folioseiten detailliert beschrieben und stellt eine der wichtigsten gedruckten Quellen der barocken Festkultur dar.

Die größtenteils sehr aufwendigen Feste am Dresdner Hof wurden von den Künstlern und Handwerkern aller Kunstgattungen ausgestaltet, wobei die Oberaufsicht den Architekten (z.B. Nosseni, Pöppelmann) übertragen wurde. Die künstlerische Darstellung der Festlichkeiten in der Literatur, der bildenden Kunst und in Musikwerken ist Dokumentation der politischen, wirtschaftlichen und technischen Verhältnisse der jeweiligen Zeit. So entwickelte sich eine eigenständige Festkultur, die einen

Auf dem höchsten Gipfel seiner Vollkom-
menheit und Glückseligkeit prangende
Königliche
Dreßden
in Meissen,
Oder
ICCANDERS
Kurtze
Doch deutliche und nervœse
Beschreibung,
Derer
In dieser Welt-bekannten
Wittekindischen Residentz
berühmten
Gebäude, Merckwürdigkeiten und
Gewohnheiten,
Andere Edition,
Die aufs neue übersehen, revidiret, cor-
rigiret und mit einem starcken Zusatz durch und
durch bis aufs Jahr 1723. vermehret,
Auch
Mit einem accuraten Register versehen
worden.
Leipzig,

57 ICCANDER (d.i. Johann Christian Crell): »Auf dem höchsten Gipfel seiner Vollkommenheit und Glückseligkeit prangende Königliche Dreßden ... Andere Edition ...«, Leipzig 1726. Frontispiz (Kupferstich) und Titelblatt. (Kat. 8)

58 Fastnachtsumzug: Joachim von der Schulenburg und Hans Georg von Osterhausen, die Elemente Feuer und Luft symbolisierend, Herolde, Engel-Kapelle hinter einer aufgeklappten Wolke, Herzog Johann Georg zu Sachsen als Mars, auf Leimstangen Hahn und Eule, gefolgt von Männern mit Insektenflügeln und Sanduhren.
Aus: Bretschneider, Daniel d.Ä.: »Abriss vund Verzeichnis aller Inventionen vund Auffzuge, welche an Fassnachten Anno 1609 …«

ßen.
e Zu Sachssen:

59 Fortsetzung des römisches Zuges. Abbildung aus dem Werk von Daniel Bretschneider d.Ä.

Holstein.
Sachßen

60 Posaunenengel zu Pferde, ein Zwerg als Atlas. Festwagen mit den vier Erdteilen. Abbildung aus dem Werk von Daniel Bretschneider d.Ä.

61 Jäger mit Hunden, Wagen mit Hasenkäfig, Jäger mit Büchsen und Gabeln, einen Marderkäfig tragend. Abbildung aus dem Werk von Daniel Bretschneider d.Ä.

145
Erste Hasen Kasten.
Marder Kasten.

62 Wolf Friedrich von Lüttich, Bewaffnete mit Schwert, Festwagen mit Gerichtsszene. Abbildung aus dem Werk von Daniel Bretschneider d.Ä.

63 Mohrenkapelle, Festwagen mit brennender Festung am Meer, von Schiffen umgeben, Mohrenkapelle, von Reitern gefolgt. Abbildung aus dem Werk von Daniel Bretschneider d.Ä.

64 Vogelsteller mit Tarnmaske und Spille, Vogelkäfige an Stangen tragend, Heinrich Reuß zu Pferd. Abbildung aus dem Werk von Daniel Bretschneider d.Ä.

Herr Heinrich Ruß

65 Kurfürst Friedrich August I., genannt »August der Starke« (1670–1733). Er erlangte 1694 die Sächsische Kurwürde und war als August II. seit 1697 König von Polen. Foto: Sächsische Landesbibliothek, Abteilung Deutsche Fotothek.

festen Platz im Leben am Hofe hatte. Julius Bernhard von Rohr teilt 1730 in seiner »Ceremonial-Wissenschaft der großen Herren« die Hoffeste in dreizehn verschiedene »Divertissements« ein: 1. Aufzüge, 2. mancherlei Turniere und Ritterspiele, 3. Caroussells, Ringrennen und Roß-Ballette, 4. Konzerte, Tänze, Bälle, Ballette, 5. Opern und Comödien, 6. Carneval und Masqueraden, 7. Wirtschaften und Bauernhochzeiten, 8. Schlittenfahrten, 9. Illuminationen, 10. Feuerwerke, 11. Lustschießen, 12. Lust-Jagden und Jagddivertissements, 13. unterschiedliche andere Divertissements auf dem Lande.

Den Höhepunkt der Festkultur erreichte der Dresdner Hof in der Regierungszeit (1694–1733) des Kurfürsten Friedrich August I., genannt der Starke. Schon zu seinen Lebzeiten wurden seine Hoffeste als die glanzvollsten in Europa gerühmt. Die bedeutendsten waren die Festlichkeiten anläßlich der Vermählung des Kurprinzen Friedrich August mit der österreichischen Erzherzogin Maria Josepha im September 1719. War doch für jeden Tag des Monats ein besonderes Fest vorgesehen! Dabei ragten die sieben »Planetenfeste« heraus: Mars, Merkur, Jupiter, Venus, Saturn, Apoll (für die Sonne) und Diana (für den Mond) luden die Hofgesellschaft zu Feierlichkeiten ein, die mit dem entsprechenden antiken Mythos in Zusammenhang gebracht wurden. Das Saturnfest, das im Plauenschen Grunde gefeiert wurde, war nicht nur eine künstlerische Manifestation, sondern zeigte im Aufzug der rund 1500 Berg- und Hüttenleute auch den technischen und wirtschaftlichen Entwicklungsstand des sächsischen Bergbaus. Der Kurfürst, als »erster Bergmann« seines Landes, stand natürlich im Mittelpunkt dieser Bergparade, die nicht nur in einer Kupferstichfolge, sondern auch auf verschiedenen Medaillen verewigt wurde.

Eine bedeutende Rolle innerhalb der Festkultur des Barock spielte die Architektur. Am Beispiel des Dresdner Zwingers läßt sich diese Entwicklung und der Funktionswandel anschaulich nachweisen. Ursprünglich erhielt Matthäus Daniel Pöppelmann 1709 den Auftrag zum Bau einer Orangerie, bald darauf wurde eine Art »Festspielplatz« für Aufzüge, Reiterspiele und andere Hoffeste geschaffen. Die schon erwähnte Hochzeit des Kurprinzen war Anlaß für die Beschleunigung der Bauarbeiten, und so wurde mit den Möglichkeiten der Plastik, der Gartenkunst und der Wasserspiele eine bleibende Festkulisse geschaffen. In die Reihe der Festbauten Augusts des Starken gehören auch die Schlösser Pillnitz und Übigau, die oft Schauplätze verschiedener Hoffeste waren.

Als nach dem Siebenjährigen Krieg das Dresdner Hofleben bescheidener wurde, war auch die Glanzzeit der Hoffeste vorüber. Zu Anfang des 19. Jahrhunderts kam es aber nochmals unter König Friedrich August I. zu einigen größeren Hoffeiern. Als letztes großes Fest wird das Wettin-Jubiläum im Jahre 1889 bezeichnet, bei dem die reiche sächsische Tradition der Aufzüge wiederbelebt wurde.

66 J. Harms: Bildliche Darstellung (Kupferstich) einer Szene, aus: »Ballet Von Zusammenkunft und Wirckung derer VII. Planeten Auf Ihr. Churfl. Durchl. zu Sachsen großem THEATRO gehalten Den 3. Februarii Anno 1678«, Dresden 1678.
Zu dieser Abbildung heißt es: »Das Theatrum praesentiret anfänglich lauter ruinen/darbey sich der Venus=Tempel zeiget. Cupido kömmt vom Himmel und singet als PROLOGUS ...«

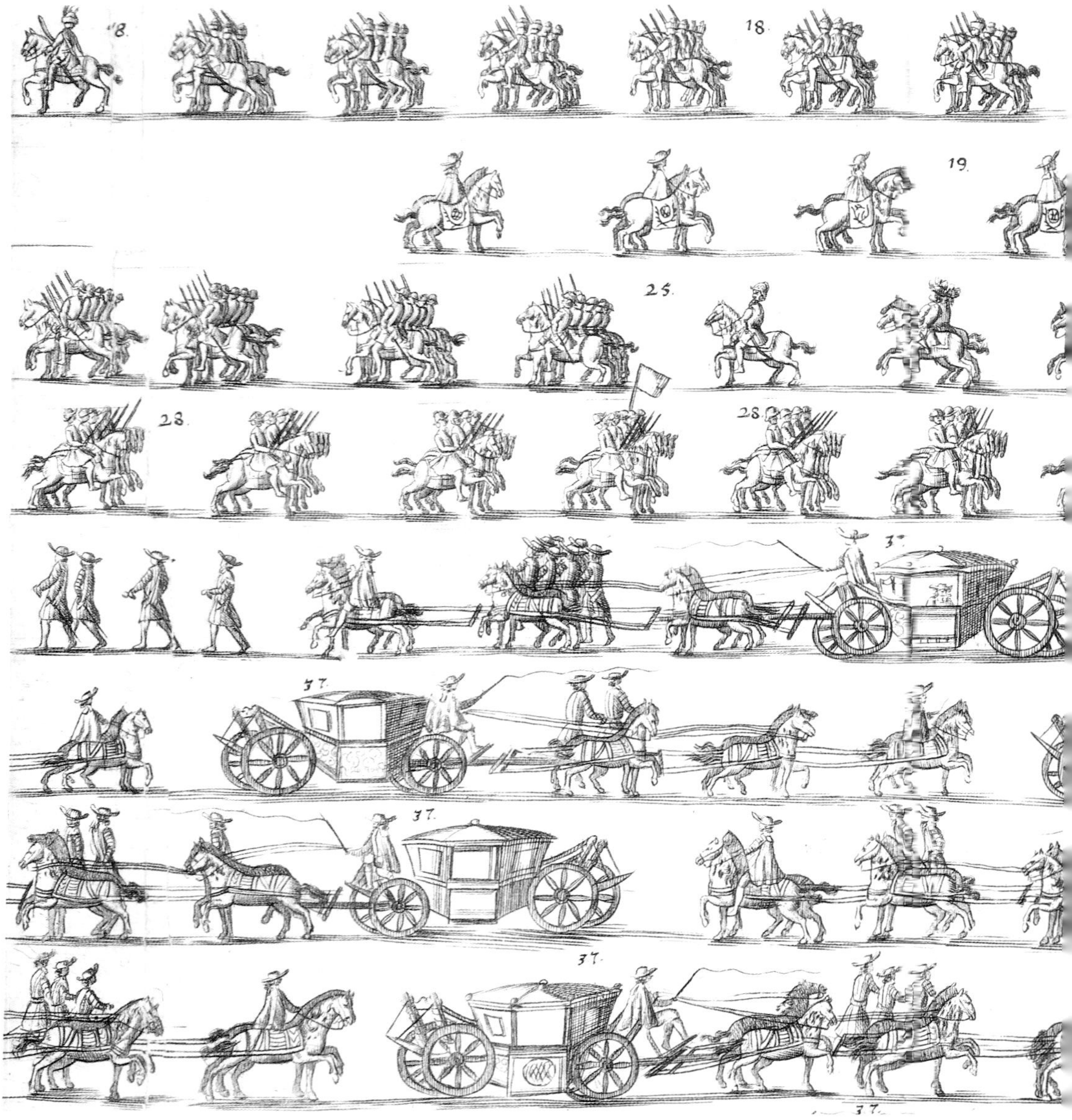

67 Abbildung eines Teils des Festumzuges (als Kupferstich), aus: Gabriel Tzschimmer: »Die Durchlauchigste Zusammenkunfft/Oder: Historische Erzehlung …«, Nürnberg (Hoffmann) 1680.

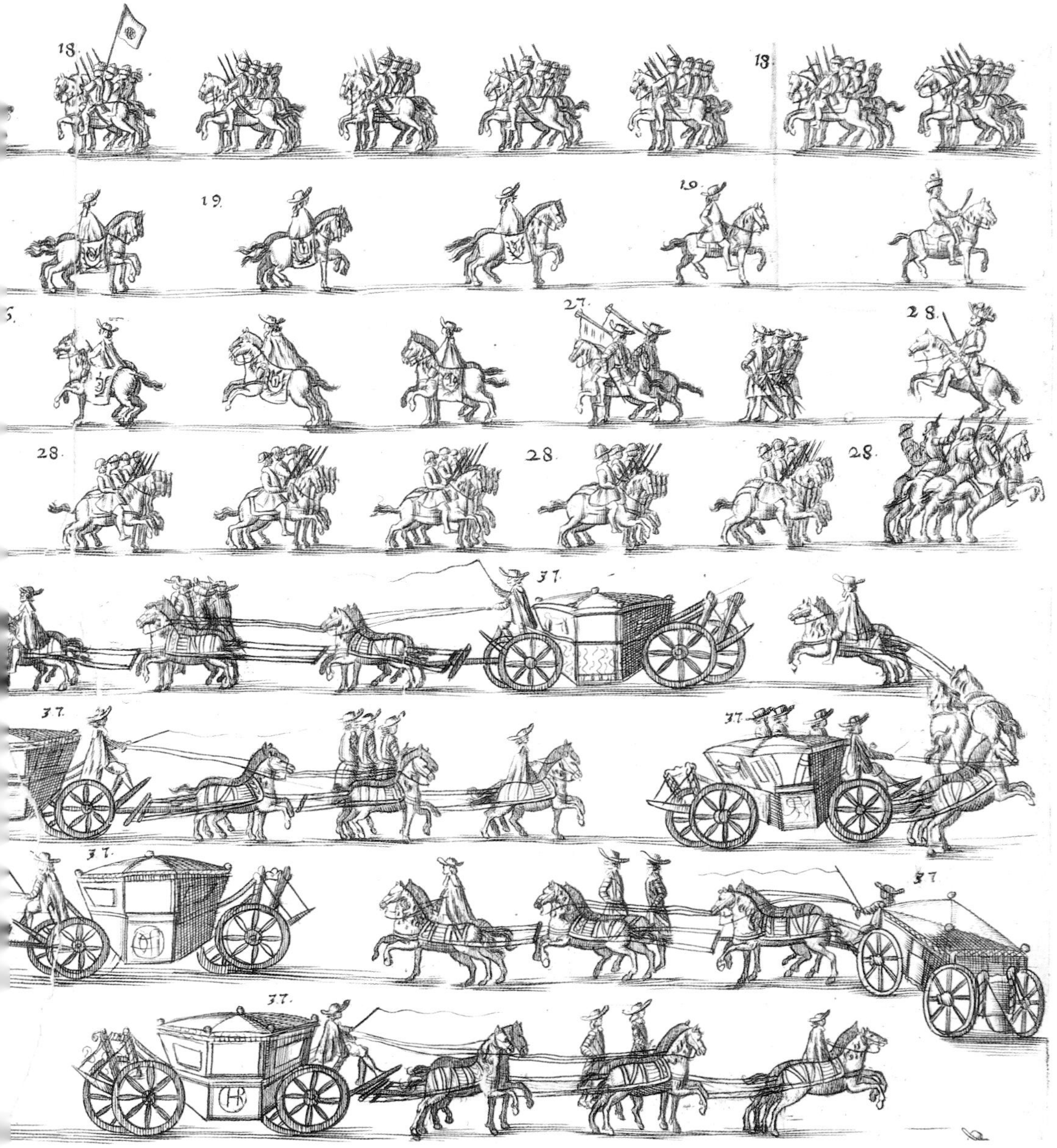
18.
13.
19.
19.
27.
28.
28.
28.
28.
37.
37.
37.
37.
37.
37.

68 »Von dem Durchlauchtigsten Chur=Fürsten zu Sachsen und Burggrafen zu Magdeburg ... Hertzog FRIDERICO AUGUSTO ... In Dero RESIDENCE Dreßden, Donnerstag den 7. Febr. 1695. Aus dem Chur=Fürstlichen Reit=Hause/durch das Müntz=Thor/bey dem Stall/über den NeuenMarckt/durch die Moritz=Strasse ... angestellte und gehaltene Götter=Auffzug.«
Ausschnitt. Kupferstich von Martin Klötzel. (Kat. 39)

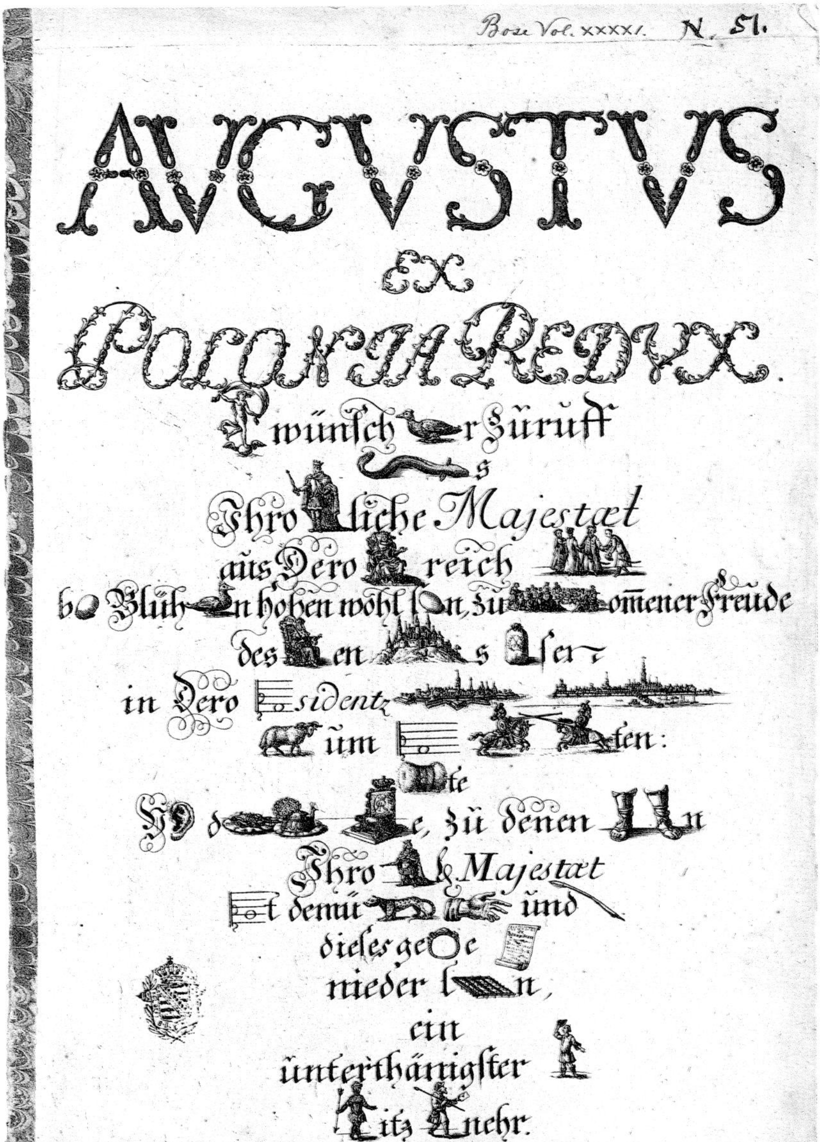

69 Moritz Bodenehr: »Augustus ex Polonia Redux. 1727.«
Kupferstich. (Kat. 9)

Übersicht über Festlichkeiten beziehungsweise deren Anlässe am sächsischen Hof

1524 (November)

Hochzeit der sächsischen Prinzessin Magdalena mit Joachim II., Kurfürst von Brandenburg

1538 (Mai)

Besuch des späteren Kaisers Ferdinand I. in Dresden

1541 (Herbst)

Ankunft der Gemahlin Herogs Moritz

1553 (Fastnacht)

Philipp II. von Hessen in Dresden

1575 (April)

Zweiter Besuch des Kaisers Maximilian mit anderen Fürsten

1582 (April)

Ringrennen und andere Ritterspiele anläßlich der Hochzeit des Kurfürsten Christian I.

1591 (Januar)

Ringrennen zur Taufe von Dorothea, Tochter des Kurfürsten Christian

1607 (Februar)

Ringrennen zu Fastnacht

1609 (Februar/März)

Inventionen (Aufzüge) zu Fastnacht beim Besuch des Markgrafen Christian von Brandenburg

1617 (August)

Besuch des Kaisers Matthias und anderer Fürsten

1638 (November)

Hochzeit des Kurprinzen Johann Georg (II.) mit Magdalene Sybille von Brandenburg

1647

Besuch des dänischen Kurprinzen Christian (V.)

1652

Besuch des Kurfürsten von Brandenburg, Friedrich Wilhelm

70 »Das Saturnusfest im Plauenschen Grunde am 26ten September 1719. Das Theater zur italienischen Comoedie.« Steindruck von Renner.

71 »Das Saturnusfest im Plauenschen Grunde am 26ten September 1719. Die grosse Erzstufe im Bergaufzuge.« Steindruck von Renner.

72 »Illumination an dem Graefl. Brühlischen Palais von innen«, 1738. Kupferstich von Christian Philipp Lindemann.

1662 (Oktober/November)

Hochzeit der sächsischen Prinzessin Erdmuthe Sophie mit dem Markgrafen Ernst Christian von Brandenburg

1663 (März)

Besuch des Kurfürsten von Brandenburg, Friedrich Wilhelm

1666/67 (Dezember/Januar)

Hochzeit des Kurprinzen Johann Georg (III.) mit Anna Sophia von Dänemark

1672 (Februar)

Zusammenkunft von Mitgliedern des Hauses Wettin (»Vertrauliche und fröhliche Zusammenkunft«)

1678 (Februar)

Zusammenkunft von Mitgliedern des Hauses Wettin (»Durchlauchtigste Zusammenkunft«)

1693 (Januar/Februar)

Verleihung des Hosenbandordens an Kurfürst Johann Georg IV.

1695 (Februar)

»Götteraufzug« zum Karneval

1697 (Februar)

Festaufzug zum Karneval

1709 (Mai/Juni)

Besuch des dänischen Königs Friedrich IV.

1719 (September)

Hochzeit des Kurprinzen Friedrich August mit Maria Josepha von Österreich

1725 (Juni)

Festwochen in Pillnitz anläßlich der Hochzeit von Auguste Constantia von Cosel mit dem Grafen von Friesen

1728 (Januar/Februar)

Besuch des preußischen Königs Friedrich Wilhelm I. und seines Sohnes Friedrich (II.)

1747 (Juni/Juli)

Doppelhochzeit (Zweifache Verbindung des bayrischen und sächsischen Fürstenhauses)

1769 (Januar)

Hochzeit des Kurfürsten Friedrich August III.

73 »Illumination bey dem Chevallier de Saxe«, 1738.
Kupferstich von Christian Philipp Lindemann und G.F. Müller
(Zeichner).

1806 (Dezember)

Ausrufung der Königswürde für Friedrich August I.

1807 (Juli)

Besuch Napoleons I.

1815 (Juni)

Rückkehr Friedrichs August I. aus dem Exil

1818 (September)

50jähriges Regierungsjubiläum von Friedrich August I.

1889 (Juni)

800jähriges Wettin-Jubiläum

Dresden als »geistige Lebensform«, frei nach Thomas Mann

»Mir will Dresden nicht so recht gefallen. Es ist nicht großartig genug ...« Der konfirmierte Schulpforta-Primus Friedrich Nietzsche schrieb 1859 diese schülerhafte Übertreibung mit dem gymnasialen Zeigestock.

Sechzehn Jahre zuvor hatte der weltmännische Romancier Honoré de Balzac, in Berlin »von Langeweile aufgezehrt«, Dresden den Rang einer »charmanten Stadt» verliehen, »es ähnelt einer Hauptstadt ... und alles ist hier entzückend«. Vielleicht meinten beide das, was Joachim Ringelnatz einmal so formulierte: »Die Stadt macht einen ganz barock ... Ich sitze in Dresden un bin undresdlich.«

Dresden, in bewegter Landschaft hingelagert, beschaulich im »Frieden einer Geßnerschen Idylle« (Ossip Kalenter), empfahl sich dem soignierten Bürger als Pflegestätte erlesen-kostbarer Kunst; Biedermeierhabitus gehörte zu den anachronistischen Zügen der sächsischen Residenz. Für die Musik und die bildende Kunst garantierten die steingewordene Barockarchitektur und die lichtvoll-sanfte Landschaft allemal emotionale Geborgenheit, einen kräftigen Kreativitätsschub, Raum einer Natur-Humanitas, die Töne erzeugte und Pinsel in Bewegung setzte.

Für literarische Fingerübungen, Literaturfehden gar, ist eher die Apokalypse einer berstenden Stadtwelt der fruchtbare Boden.

Hermann Bahr, vielstimmiger Cicerone der Wiener literarischen Moderne, besuchte 1909 die Dresdner »Elektra«-Premiere: »... eine ›hübsche‹ Stadt ist's, in der alles sein rechtes Maß hat, nichts sich übernimmt und noch der alte bedächtig deutsche Schritt eingehalten wird.« Alexander Roda Roda, aufmüpfiger und witzsprühender Kalauer-Autor, meint es aber sicher ernst, wenn er schreibt: »Dresden, Deutschlands schönste Großstadt, geometrischer Mittelpunkt des deutschen Sprachgebietes, wird in absehbarer Zeit auch Metropole des deutschen Schrifttums sein.« Aber griff der berühmte Mann in der roten Weste hier nicht kräftig daneben? Denn fast gleichzeitig, 1911, gab der geschätzte Theaterkritiker Siegfried Jacobsohn ungeniert zu: »Ich kenne von Dresden eigentlich nichts als die Galerie und die Oper und den Weg vom Bahnhof zu diesen Orten reinster und höchster Kunst.« Diesen verdanke er »Eindrücke, an die zurückzudenken mich häufig in der Arbeit stärkt und belebt«.

Warum wurde Dresden keine Metropole der Literatur wie Weimar, München oder Berlin und setzte nur kurzzeitig aufflakkernde Zeichen? Die Antwort scheint klar: Der Dichter braucht ein sprachliches Umfeld, das melodisch anregt, forciert, unterschwellig ins Mark seiner Künstlerseele trifft. Schon Franz Grillparzer zeigt sich dagegen indigniert von dem abgründigen Jargon in »Dräädsden«: »Die Sprache dieser Leute beleidigt mein

Ohr ... ist unleidlich ... unmännlich, geckenhaft ... verlängern jedes Wort, hängen überall ein Lieblings-E an, so daß ihre Sprache endlich ein förmliches Mäh ... von Schafen wird.« Gewiß, wienerische Übertreibung führte seine Feder, Simplifikation auch, aber der Funke war entfacht. Der Essayist Friedrich Markus Hübner, der die expressionistische Teilhabe Dresdens begleitete, sah die Ursache des ausgebliebenen literarischen Sammelbeckens im sächsisch-dresdner Dialekt, der dem Schriftsteller keine Arbeitshandhabe biete. In Wolf Biermanns »Wintermärchen« wird diese plebejische Dialektsprache zum Stilmittel der Ironie: »Sie sin wohl främd hier! Was? Ich bin/Weggemacht aus Dräsdn/Gurz vordäm die Mauer gahm/Flichtätän die meestn.« Und Thomas Rosenlöcher, der die gewaltfreie Dresdner Herbstrevolution von 1989 mit subtilen Tagebuchnotizen, »Die verkauften Pflastersteine«, begleitete, sagte bei der Verleihung des Pirmasenser Hugo-Ball-Förderpreises: »Allein die Sachsen schämen sich vor sich selber, wenn sie den Mund aufmachen ... Haben wir hier eine Ursache für die oft konstatierte ... sächsische Unterwürfigkeit? ... Sächsisch als Verlierersprache. Trotz Old Shatterhand ... Sächsisch als Ulbrichtsprache ... ›Wir sind das Volk‹ war vor allem auf sächsisch gerufen worden ... Sächsischer Dialekt in der freien Marktwirtschaft? Undenkbar! Nehmen Sie Sprechunterricht.«

Ansichten über Dresden. – Adele Schopenhauer, die Philosophen-Schwester, sprach aus, was viele dachten: »Ach, ich hatte

74 Gjellerup-Grab. Der dänische Literatur-Nobelpreisträger von 1917, Karl Gjellerup (1857–1919), lebte seit 1892 in Dresden. Das erhalten gebliebene Grab befindet sich auf dem Friedhof Hellerau in Klotzsche.

75 Geburtshaus von Erich Kästner (1899–1974), Königsbrücker Straße 48, in der Dresdner Neustadt. Seine Kindheitserinnerungen, »Als ich ein kleiner Junge war«, sind in diesem Umkreis angesiedelt. Viele der geschilderten Örtlichkeiten sind erhalten geblieben. Aufnahme von 1958. (Kat. 270)

so viel von dem Plan, nach Dresden zu gehen, gehofft ...« Arthur Schopenhauer suchte als junger und hochbegabter Gelehrter Ruhe zur Gedankensammlung, Dresden versprach »einen Aufenthalt, der mir schöne Natur, Gegenstände der Kunst und wissenschaftliche Hilfsquellen darbietet ... nirgends so schön vereinigt ...« In den Jahren von 1814 bis 1818 vollendet er sein Hauptwerk: »Die Welt als Wille und Vorstellung«. Der Blick auf die ehrwürdige Bibliothek im Japanischen Palais läßt ihn resümieren: »Auch bin ich nie heitrer, nie mit mir selbst mehr zufrieden gewesen als eben hier.« Auch für Ottilie von Goethe, seine unangepaßte Schwiegertochter, bedeutete Dresden »Zerstreuung«, Exil aus dem für sie problematisch gewordenen Weimar; ablenkende, aber auch »tödtende Geselligkeit«, freilich mit zufriedenem Fazit: »Ich halte Dresden immer für das Beste.«

Viel später, kurz vor seinem Tod 1910, zog es den galanten Otto Julius Bierbaum überraschend von München weg: »Ich kann es ... gar nicht sagen, weshalb ich nach Dresden gehe.« Bierbaum »... glaubte, in der stillen, immer etwas verschlafenen Barockresidenz ... ein buen retiro ... zu finden« (Kurt Martens), er, »den man nur in Abendstunden mitunter durch die Straßen Dresdens schlendern sah, der sich aber so gar nicht in die Welt des gesellschaftlichen Lebens in Dresden zu schicken vermochte« (Georg Müller). In der Beamtenstadt fanden die Dichter Ruhe im Gefecht der Worte, sie akzeptierten das Fremdbleiben. Erregte Bierbaums bloße Erscheinung schon Unbehagen, dann

76 Der Münchner Schriftsteller Peter de Mendelssohn (1908–1982), Präsident der Deutschen Akademie für Sprache und Dichtung in Darmstadt und prominenter Thomas-Mann-Biograph, bei seinem Besuch in Hellerau in den ersten Oktobertagen 1979. Er leitete publizistisch die Renaissance der ehemals berühmten Gartenstadt ein. Foto von Hans-Jürgen Sarfert.

77 Weißer Hirsch. Saalgebäude des Dr. Lahmannschen Sanatoriums. Viele Intellektuelle suchten hier regelmäßig Erholung. Der Verleger Samuel Fischer (1859–1934) nannte es den »sächsischen Semmering«. Aufnahme von 1930.

erst recht die endlos schweifende Phantasie der buntgekleideten Else Lasker-Schüler, die bei einer Lesung im »Künstlerhaus« »wenig Anklang fand«. Am 26. November 1909 las Thomas Mann an gleicher Stelle. Man war zwar angetan von seiner »eleganten und kühlen Korrektheit« (Dresdner Anzeiger), jedoch die Rezensenten mißverstanden gründlich den Roman »Königliche Hoheit« als »Marlittschen Hofroman in modernster Aufmachung«.

Der Konservatismus war tief verwurzelt, auf die Pflege der bürgerlichen Traditionskultur zentriert, und die akademische Reibungsfläche einer Universität fehlte. Die Debattenvielfalt des Avantgardismus brach die Krusten nur schwer auf, wovon die einsame Rebellion des Akademieschülers George Grosz Zeugnis ablegt, der 1910 im Café am Altmarkt saß, ein Loch in die Zeitung bohrte und Zuckerstückchen zu den Nachbartischen schnipste. So wenigstens hatte er »Spaß am Skandal«. Erst recht zeigte man sich verunsichert, als am 19. Januar 1920 die militanten Dadaismus-Ulker kühn eine Soiree im immerhin überfüllten Saal der Kaufmannschaft veranstalteten und widerborstig-blasiert verkündeten: »Die gesamte bisherige deutsche Literatur ist nutzlos. Alles, von Goethe bis Hasenclever, gehört ins Klosett.« Nach wildem Clinch retteten sich Raoul Hausmann, Johannes Baader und Richard Huelsenbeck durch die Hintertür!

Wie anders dagegen bewegten sich die Dichter der Frühromantik in der reizvollen Barockstadt, »wo ... ein philosophischer Convent seyn« sollte. Am letzten Augustwochenende

1798 kam es zur »geselligen Wechselberührung« zwischen den Schlegels mit ihren geistreichen Frauen, Novalis, Henrik Steffens und Schelling. In tiefster Anteilnahme wurde Raffaels Madonna kniend die poetische Weihe erteilt, »als das Höchste von menschlicher Bildung«. Die Reflexionen dieses Sommerdialogs erlangten konstituierenden Stellenwert in der literarischen Theoriebildung, und als Friedrich Wilhelm Joseph Schelling nach sechs Wochen abreist, läßt er hohes Lob zurück: »Ich sage Ihnen nur mit wenigen Worten, daß ich hier glücklicher, als ich es in langer Zeit nicht mehr gewohnt war, gelebt habe.« Als der häufige Dresden-Besucher Friedrich von Hardenberg (Novalis) am 20. Januar 1801 tödlich erkrankt nach Weißenfels abgeholt wird, ist er sicher, »in Dresden lehrreiche Erfahrungen gemacht« zu haben. Dresden im Urteil der Schreibenden, ein Kaleidoskop fügt sich.

Es gab auch Meister des Wortes, in Dresden geboren, die ihrer Heimatstadt keine merkenswerte Sentenz nachgerufen haben. Zu ihnen gehören Alfred Walter Heymel, der wohlhabende Patrizier, Lothar Schreyer, der Mitstreiter im expressionistischen »Sturm-kreis« und Jan Jakob Haringer, der unstet-neurotische Weltschmerz-Vagabund. Keine Bemerkung findet sich in Texten von Helmut Heißenbüttel über dessen Dresdner Architektur-Studienjahre, irgendwann zwischen 1942 und 1945. Joseph Roth als geschmeidiger Starjournalist hektisch unterwegs, reiste im Frühjahr 1925 in die kleine osterzgebirgische Stadt Glashütte, in das damalige Weltzentrum der Uhrenindustrie, und fügte zur Orientierung

78 Neumarkt mit alter Galerie, Hotel Stadt Berlin und Frauenkirche. Lithographie von Franz Seraph. Hanfstengel (1804–1877).

79 Galerie royale de Dresde. Innenansicht der Gemäldegalerie im Stallhof im Jahre 1830. Die Betrachtung der berühmten Dresdner Gemäldesammlung diente im August 1798 dem frühromantischen Dichterkreis als Stätte der Theoriebildung. Radierung.

80 Loschwitz. Weinberghaus (Körnerhaus), Körnerweg 6. Im September 1785 folgte Friedrich Schiller (1759–1805) der Einladung seines Freundes Christian Gottfried Körner und verlebte bis zum 20. Juli 1787 in Loschwitz eine produktive Schaffensphase in begeisterter Freundschaft und humoriger Geselligkeit.
Aufnahme von 1986.

nur hinzu, daß es »von Dresden bequem in zwei Stunden zu erreichen« sei, sonst nichts. Erich Kästner hingegen, in der proletarischen Dresdner Neustadt geboren, hat 58jährig die Geschichte seiner idyllischen Kindheit, »Als ich ein kleiner Junge war«, so erzählt, daß sich Lebensreife und Naivität bruchlos verbinden durch das Bekenntnis zum »Glück, in Dresden aufgewachsen zu sein. Ich mußte, was schön sei, nicht erst aus Büchern lernen. Nicht in der Schule und nicht auf der Universität. Ich durfte die Schönheit einatmen wie Försterkinder die Waldluft«.

Um 1912 sprach man plötzlich von einem »Bayreuth Dresdens«, superlativischer Hymnus auf die im Weichbild Dresdens errichtete Gartenstadt Hellerau, der ersten in Deutschland, einer Synthese von »Lebens-, Sozial- und Kulturreform«. Bahnbrechender Reformwille bereitete das Terrain für kulturelle Innovationen. Peter de Mendelssohn schrieb beglückende Erinnerungen an diese »pädagogische Provinz«: »Binnen zweier Jahre war Hellerau weltberühmt ... ein ... neuartiges Experiment, eine internationale Künstler- und Kunsthandwerkerkolonie und, anders als Worpswede ... mein persönliches, ureigenstes, unverlierbares Europa.« Die Vitalität dieser säkularisierten Siedlung zog alle an, von Kafka bis Rilke. So konnte Raoul Hausmann verkünden: »Dresden (ist die Hauptstadt Deutschlands, weil es) eigentlich Hellerau heißt.« Hier artikulierten sich die avantgardistischen Ismen der Jahrhundertwende, nahmen der »grazilbarocken« Residenz (Hugo Ball) fast den Atem. Der amerikanische

81 Ludwig Meidner: Selbstbildnis im Café König 1914. Der expressionistische Maler und Dichter (1884–1966) lebte seit dem 1. April 1914 einige Monate in Dresden. Im Café König verbrachte er die Abende gemeinsam mit Ernst Ludwig Lotz. Rohrfeder und Pinsel, Tusche. Städtische Kunsthalle Recklinghausen.

Romancier Upton Sinclair läßt in seinem Roman »World's End« (1940) den Jungen Lanny Budd »überzeugt (sein), daß Hellerau der bezauberndste aller Orte sei ... Er hatte beim Abschied ... Tränen in den Augen, so ein schöner Fleck Erde ...! Es ist überhaupt der wunderbarste Ort, an dem ich je gewesen bin«. Und die Hauptfigur Johann aus dem Roman »Der Zeitgenosse« (1925) von Hans Heyck holt in der Gartenstadt tief Luft: »Dem Trödel war er nun glücklich entronnen! Hier war Kultur, hier kam seine Seele endlich zu ihrem Recht.«

Obwohl Oskar Kokoschka seinen Umzug von Berlin nach Dresden 1916 noch emphatisch gepriesen hatte – »In einer barokken Handschrift präsentierte sich hier die Auffassung eines traditionsgebundenen Gemeinwesens ...« –, waren bereits die Mietskasernen ins Bild gerückt, die natürlich nicht die düsterbedrängende Wucht Berlins aufwiesen. Der Maler-Dichter Ludwig Meidner geriet 1914 in visionäre Untergangsstimmungen: »Wir bewohnten einen rustikalen, kubischen Kasten am Anfang der Bautzner Straße ... Da standen viele Litfaßsäulen wie dicke, schwatzhafte Weiber herum, und wenn wir ... die Köpfe rausstreckten ... gewahrten wir den großen Straßen-Dämon und wir zuckten ... blitzschnell wieder ... zurück und taumelten lange ... In meine Striche floß ein wenig die edle Gegenmusik von Dresden ein.« Der expressionistische Dichter an seiner Seite, Ernst Wilhelm Lotz, wirft aufs Papier, nicht weniger erregt: »In Dresden leben die Menschen nicht wie anderswo: dafür leben

82 Krause-Haus, Rähnitzgasse 25. Der Philosoph Karl Christian Krause (1781–1832) lebte sechzehn Jahre in Dresden, zumeist in den Niederungen des Alltags. Wegen Mietschulden mußte er fünfzehnmal die Wohnungen wechseln, nur die Adresse Rähnitzgasse 25 ist erhalten geblieben. Aufnahme von 1946.

alle toten Dinge; … ein Ausleben, inbrünstig und barock … zu einem leichten Rokoko gekräuselt …«

Die bürgerlich-exklusive Musenkultur zerbrach nie durch diese fiebernden Kurzlebigkeiten. Selten allerdings waren literarische Zirkel, die das Odium des Provinziellen hinter sich ließen. Helene von Nostitz, geborene von Beneckendorf und Hindenburg, kenntnisreiche Verfasserin des Erinnerungsbuches »Festliches Dresden. Die Stadt Augusts des Starken«, residierte von 1904 bis 1908 in einem kleinen Haus auf der Wiener Straße, das zum Musenhof avancierte. Cosima Wagner trat ein mit der Frage: »Wo haben Sie Ihren Goethe?« Er stand griffbereit. Im Mai rät Helene von Nostitz Hugo von Hofmannsthal, schnell zu kommen, denn »Dresden ist jetzt in einem reizenden Augenblick … Überall blühen die Rosen …«; »zwischen den Blumenbeeten vor dem Japanischen Palais wanderten wir mit Hofmannsthal, dessen Gespräch allen Reichtum deutscher und europäischer Kultur lebendig machte … Tiefes Gespräch über unfaßliche Dinge. Die Stadt wie ein Edelstein, blaurosa in der Dämmerung.« In Hofmannsthals Lustspiel »Der Schwierige« (1921) verbirgt sich hinter der Helene Altenwyl »die anmutigste und schönste junge Frau, die ich in Deutschland kenne«: Helene von Nostitz! Sie blieb nicht das einzige Urbild, das Dresden in die Literatur eingebracht hat. Nach dem Erscheinen von Thomas Manns Roman »Buddenbrooks« (1901), hörte seine Tante Elisabeth Haag (1838 — 1917), die in der Dresdner Randlage von Blasewitz unauf-

83 Pillnitz, Lustschloß, Freitreppe zur Elbe. Topographischer Ort der großen Dichtung »Die Treppe zum Nordlicht« von Theodor Däubler (1876–1934). Der Dichter-Bohemien nomadisierte zwischen 1914 und 1916 häufig in Dresden und Hellerau. Der kunstbeflissenen Sammlerin Ida Bienert (1870–1966) war er eng verbunden. Ihre bedeutenden Erwerbungen moderner Kunst dokumentieren eindeutig seine Ratgeberschaft. Aufnahme von 1941.

84 Hellerau und Klotzsche von Südwesten.
Luftbildschrägaufnahme von 1933.

85 Hellerau, Festspielhaus und Tanzschule, erbaut 1910 bis 1912 von Heinrich Tessenow. Aufnahme von 1928.

fällig lebte, daß man sie plötzlich »Tony« (Buddenbrook) rief. Tatsächlich geriet ihre unglückliche Lebensgeschichte zum quellenhistorischen Hintergrund der liebenswerten Figur dieses bedeutenden bürgerlichen Familienromans.

Dresden als literarischer Schauplatz. Sein besonderes Flair ließ es zum topographisch-literarischen Handlungsraum aufrücken. E.T.A. Hoffmann verlegte sein Märchen »Der goldene Topf« in die Stadt; am Schwarzen Tor, am Linckischen Bad, in der Pirnaer Vorstadt und anderswo passieren dem Studiosus Anselmus die seltsamsten Dinge: »Dicht vor ihm plätscherten und rauschten die goldgelben Wellen des schönen Elbstroms, hinter demselben streckte das herrliche Dresden kühn und stolz seine lichten Türme empor in den duftigen Himmelsgrund ...«

Heinrich von Kleist hatte in der Dresdner Galerie Dolcis Gemälde der heiligen Cäcilie betrachtet: »Mir war so wohl bei diesem ersten Eintritt in diese für mich ganz neue Welt voll Schönheit« (21.5.1801). Der Anblick der betenden Gläubigen in der Hofkirche verfehlte die Wirkung nicht auf den Dichter, es entstand die Erzählung »Die heilige Cäcilie oder die Gewalt der Musik« (1810). Karl Gjellerup, dänischer Literatur-Nobelpreisträger von 1917, nach prüfenden Besuchen 1892 in der »reizenden Stadt« endlich zur Ruhe gekommen, läßt sowohl in seine Rokoko-Komödie »Die Hochzeitsgabe« als auch im Roman »Minna« eindrücklich-reichhaltige Stimmungsbilder der sächsischen Residenz einfließen. Theodor Däubler, Dichter-Bohemien mit der Grandezza eines Fürsten, fühlte sich in der üppig blühenden Parklandschaft des sonnenüberfluteten Elbhanges in südliche Regionen versetzt. Die elegant geschwungene Treppe zum Wasserpalais des Pillnitzer Schlosses ist die »Treppe zum Nordlicht«; fünfzig Seiten widmete er ihr in seiner 1919 erschienenen Dichtung »Hesperien«.

Erholung und Schaffenszuwachs versprach besonders der mondäne Villenstadtteil »Weißer Hirsch« mit seinen zahlreichen Sanatorien mit den »sorglos vergnügten Patienten aus allen Ländern« (H. Bahr). Der alljährliche Kurgast Samuel Fischer nannte ihn den »sächsischen Semmering«, Thomas Mann kam, um sich »ein wenig zu pflegen und, wenn ... der Geist über mich käme, auch wohl zu arbeiten«. Gerhart Hauptmann und Otto Brahm ließen sich die »Nerven aufmöbeln«, Kafka, Rilke und Tucholsky waren dort. Im Hotel »Felsenburg« trafen Kurt Pinthus und Ernst Rowohlt mit einem Kommerzienrat zusammen, der durch sein Mäzenatentum die hohe Auflage der berühmten Anthologie »Menschheitsdämmerung« sicherte.

Dresden heute, nach der Zerstörung – Peter Härtling schrieb illusionslos: »Ich werde das Dresden meiner Kindheit nicht wiederfinden, ich werde nicht vergleichen können ... es ist vom Erdboden verschwunden gleich einer Märchenstadt ...« Der junge Dichter Durs Grünbein (»Grauzone morgens«) schreibt über die Stadt: »Ein Gesamtkunstwerk/ Singt unter Trümmern noch in höchsten Tönen./ Im Futur II wird alles schön geworden sein ...«

Musik in Dresden

Ansichten von Dresden wären unvollständig ohne die Einbeziehung der Musik, jener nicht eigentlich sichtbaren, stets auf Mittler angewiesenen Kunst, die zu Dresden gehört wie die Luft zum Atmen. Nicht selten trifft man in den Schallplattengeschäften der Stadt Käufer, die die neueste Unterhaltungsmusik und zugleich etwa eine Aufnahme von Beethovens Violinkonzert erwerben. Der Besuch der Konzertveranstaltungen von Kreuzchor, Philharmonie und Staatskapelle stellt für die Dresdener offensichtlich eine Notwendigkeit dar. Nach dem Zweiten Weltkrieg zählte es zu den ersten Regungen der überlebenden Einwohner Dresdens, zu Konzerten und Theateraufführungen ihrer berühmten Ensembles zu pilgern, gleichgültig, ob diese in Ruinen (z.B. der Kreuzkirche, wohin die Kruzianer einluden) oder in einem Gasthaus stattfanden (so in der »Kulturscheune« von Bühlau, dem Schauplatz legendärer Opernaufführungen unter unvorstellbar schweren äußeren Bedingungen). Musik und Kunst halfen der vernichteten Stadt, wieder aufzuerstehen.

Musik, Theater und Kunst überhaupt sind seit Jahrhunderten aber auch ein Magnet für Gäste der Stadt gewesen. Die umfangreiche Memoiren- und Reiseliteratur bezeugt dies ebenso

86 Johann Adolf Hasse: Oratorio »Sant' Elena al Calvario«, 1746.
Handschriftliche Orchesterstimmen in Ledereinbänden.
(Kat. 58)

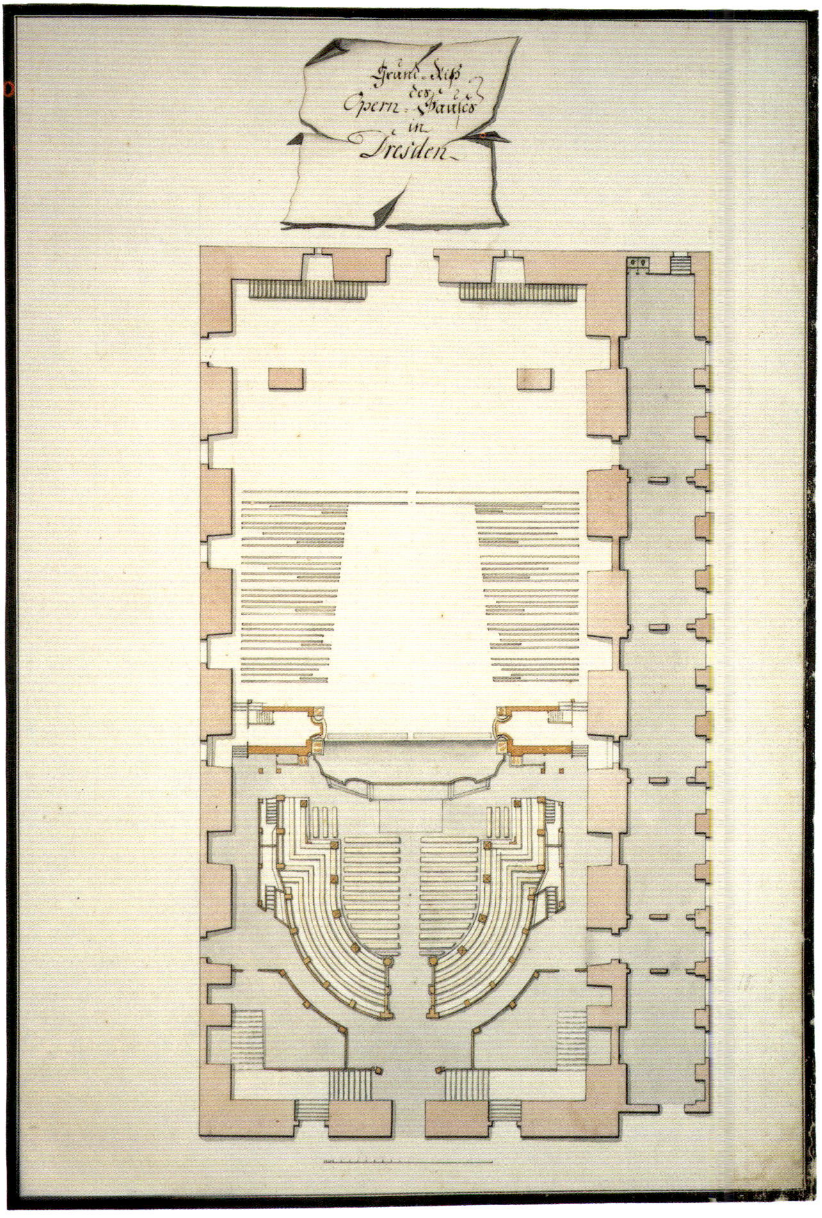

87 »Grund-Riß des Opernhauses in Dresden«, 18. Jahrhundert. Farbige Zeichnung. (Kat. 68)

88 Clara Schumann: »Präludium« mit Widmung ›Meinem lieben Mann zum 8ten Mai 1845.‹ Autograph. (Kat. 131)

89 Christoph Willibald Gluck: »Iphigenia in Aulis«, 1847. Zeitgenössische Partiturhandschrift mit handschriftlichen Notizen Richard Wagners. (Kat. 137)

a 2

90 Richard Wagner: »Rienzi«. Original-Flötenstimme mit handschriftlichen Eintragungen von Moritz Fürstenau, 1843. Dresdener Kopistenhandschrift. (Kat. 134)

91 »Marie«: Siebdruck von Holger Stark, 1990. (Kat. 285)

92 »ORIENT TIERUNG: Yenidze: Die Kuppel: Eine Konzeption im Raum von Gruppe Meier.« Dresden 1988. Künsterbuch, daraus Fotografie von Götz Schlötke. In der Kuppel des 1909 im Stil einer Moschee erbauten Zigarettenkontors in Dresden gestalteten die Künstler der Gruppe MEIER 1988 eine Installation. Die farbigen Lichtreflexe der Glaskuppel wurden in die Gestaltung einbezogen. Das trotz seiner imposanten Erscheinung bis dahin kaum beachtete Gebäude erregte durch diese Aktion neue Aufmerksamkeit (siehe auch Bild 103). (Kat. 276)

wie der Blick auf gekrönte Häupter, die in Dresden weilten – so erlebte Friedrich II. von Preußen als Kronprinz, im Gefolge seines Vaters, hier erstmalig Kultur auf einem Niveau, das er in seiner Residenz anzustreben bemüht war, seit er selbst regierte. Nicht zuletzt haben sich große Komponisten von Dresden angezogen gefühlt: Händel, Telemann, Haydn, Mozart, Beethoven, Berlioz, Paganini, Chopin, Liszt und Mahler kamen hierher. Kürzer oder länger lebten hier zum Beispiel Michael Praetorius, Robert und Clara Schumann, Felix Draeseke und andere; über fünfzig Jahre lang zutiefst der Hof- beziehungsweise Staatskapelle verbunden war Richard Strauss. Weitere bedeutende Namen finden sich in den Reihen derer, die hauptamtlich hier tätig waren. Von ihnen wird noch zu sprechen sein.

Die Dresdener Musikgeschichte ist so alt wie die Stadt selbst. Und noch heute besteht ihr ältester Exponent: der Knabenchor der Kreuzkirche, die Kruzianer. Die stolze Reihe der Kreuzkantoren allein wäre schon hinreichend, Dresden einen ansehnlichen Platz unter den Musikstädten der Welt zu sichern. Von den Stadtpfeifern, die dem Chor über die Jahrhunderte hinweg mit ihren Instrumenten assistierten, wissen wir leider allzu wenig. Ihre Nachfolgeinstitution aber, die Dresdner Philharmonie, die sich traditionsgemäß an den großen Kreuzchoraufführungen beteiligt, bezeichnet mit ihrem internationalen Renommee das Niveau der Dresdener städtischen professionellen Musikpflege.

Auch das Musizieren in Liebhaberkreisen – zunächst wohl mehr in adeligen, dann zunehmend in bürgerlichen aller Abstufungen – hat eine bemerkenswerte Geschichte. Eingeschlossen sind hier sowohl Gesellschaften, wie das im 18. Jahrhundert gegründete Societäts-Theater, als auch die Kirchenchöre, die an den neuen Kirchen der sich entwickelnden Großstadt entstanden; vor allem aber die verschiedenen Singakademien (Robert Schumann gründete z.B. eine solche), die Männerchöre und anderen der Musik gewidmeten Vereine, die dem öffentlichen Dresdener Konzertleben wichtige Impulse gaben. Dazu gehörte auch die intensive Hausmusikpflege, von der in Erinnerungen und Reiseberichten immer wieder die Rede ist.

Dennoch: Ihren seit Jahrhunderten schimmernden Glanz verdankt die Musikstadt Dresden den Wettinern und deren Hofhaltung. Bei diesem Fürstengeschlecht spielte die Musik offenbar von Anfang an eine Rolle, weit über das offizielle Repräsentieren hinaus. So manches Mitglied der Familie musizierte und komponierte selbst und nahm auf die höfische Musikkultur sachkundig Einfluß. Verglichen mit anderen Höfen, gab es dabei wenig finanzielle Einschränkungen; war Sachsen doch eines der reichsten deutschen Länder und erholte sich sogar von Kriegsauswirkungen meist relativ schnell. Die Existenz der 1548 gegründeten Hofkapelle (sie hatte bereits eine Vorgängerin) wurde jedenfalls nie mehr ernstlich in Frage gestellt. Dieses Ensemble gehörte fortan zum Hof wie das reichliche Dutzend Hoftrompe-

93 »Opera-Ballet von dem Judicio Paridis und der Helenae Raub ...«, Dresden (Bergen) 1679. Frontispiz (Kupferstich). (Kat. 50)

94 Antonio Lotti: »Teofane: Dramma per musica ...«, Dresden 1719.
Partiturhandschrift aus kurfürstlich-königlichem Besitz.
(Kat. 54)

95 »Der Saal im großen Opernhause zu Dresden ...
den 24 Mai 1812 ...«. Lithographie. (Kat. 123)

ter – letztere ein Attribut des sächsischen Kurfürsten in seiner Rolle als Erzmarschall des Heiligen Römischen Reiches Deutscher Nation. Als Ranghöchste ihres Metiers handelten die Dresdener die Privilegien für sämtliche deutschen Hoftrompeter aus. Über Kapelle und Trompeter hinaus leistete sich der Dresdener Hof verschiedene Pfeifergruppen, evangelische und, ab 1697, katholische Kapellknaben und konnte im Bedarfsfall sehr gute Musiker aus den Reihen des Militärs heranziehen.

Die Kapelle von 1548, zunächst aus Sängern gebildet, doch bald auch mit Instrumentalisten ausgestattet, ist zugleich die älteste unter den großen kulturellen Gründungen der Wettiner in ihrer Residenz; es folgten 1556 die Kurfürstliche und Königliche Bibliothek sowie 1560 die Kunstkammer, aus der bereits ab 1723 unter August dem Starken die noch heute bestehenden Spezialmuseen hervorgingen. Nicht zuletzt kann die Kapelle für sich beanspruchen, nach modernem Wortverstand eines der ältesten Orchester Europas zu sein, wenn nicht das älteste permanent existierende überhaupt. Die um 1700 veraltenden Instrumente (wie der Zink, ein Holzblasinstrument) verschwanden sehr rasch aus der Dresdener Hofkapelle und machten Platz für Oboen, Querflöten und Hörner. Die Musiker durften sich, entgegen der traditionellen Pfeiferpraxis, auf ein einziges Instrument spezialisieren und avancierten so zu vielbewunderten Virtuosen. Von nun an wuchs das Orchester quantitativ und qualitativ weiter. Als Richard Strauss 1908/1909 eine 125köpfige Besetzung des

Instrumentariums für seine Oper »Elektra« forderte, konnte Dresden ihm damit dienen, personell wie räumlich (man denke an die Größe des Orchestergrabens!) – für die damalige Zeit nichts Selbstverständliches …

Nachfolgend eine Auswahl wesentlicher, mit der Geschichte der Hof- und heutigen Staatskapelle verbundener Namen: Erster Kapellmeister war der Luther-Freund Johannes Walter; ihm folgten im Amt unter anderen, chronologisch aufgezählt, Matthäus LeMaistre, Antonio Scandello, Rogier Michael, Heinrich Schütz, Giovanni Andrea Bontempi, Antonio Lotti, Johann David Heinichen, Jan Dismas Zelenka, Johann Adolf Hasse, Johann Gottlieb Naumann, Ferdinando Paer, Francesco Morlacchi, Carl Maria von Weber, Carl Gottlieb Reißiger, Richard Wagner, Julius Rietz, Ernst von Schuch – und als Chefs der Staatskapelle und Staatsoper nach Auflösung des sächsischen Hofes: Fritz Busch, Karl Böhm, Joseph Keilberth, Rudolf Kempe, Otmar Suitner, Herbert Blomstedt. Nicht zu vergessen das bedeutendste Titular-Mitglied der Kapelle, Johann Sebastian Bach, der die Sätze »Kyrie« und »Gloria« seiner (späteren) h-Moll-Messe seinem Landesherrn zueignete.

Unter den Hofsängern, die in Kirche, Oper und Kammer wirkten, ist erstrangige Prominenz zu verzeichnen. Genannt seien hier jedoch, in wiederum kleiner Auswahl, nur einige hervorragende Instrumentalisten: so die Organisten Hans Leo Haßler, Matthias Weckmann, Peter August, Anton Dreyßig (er war

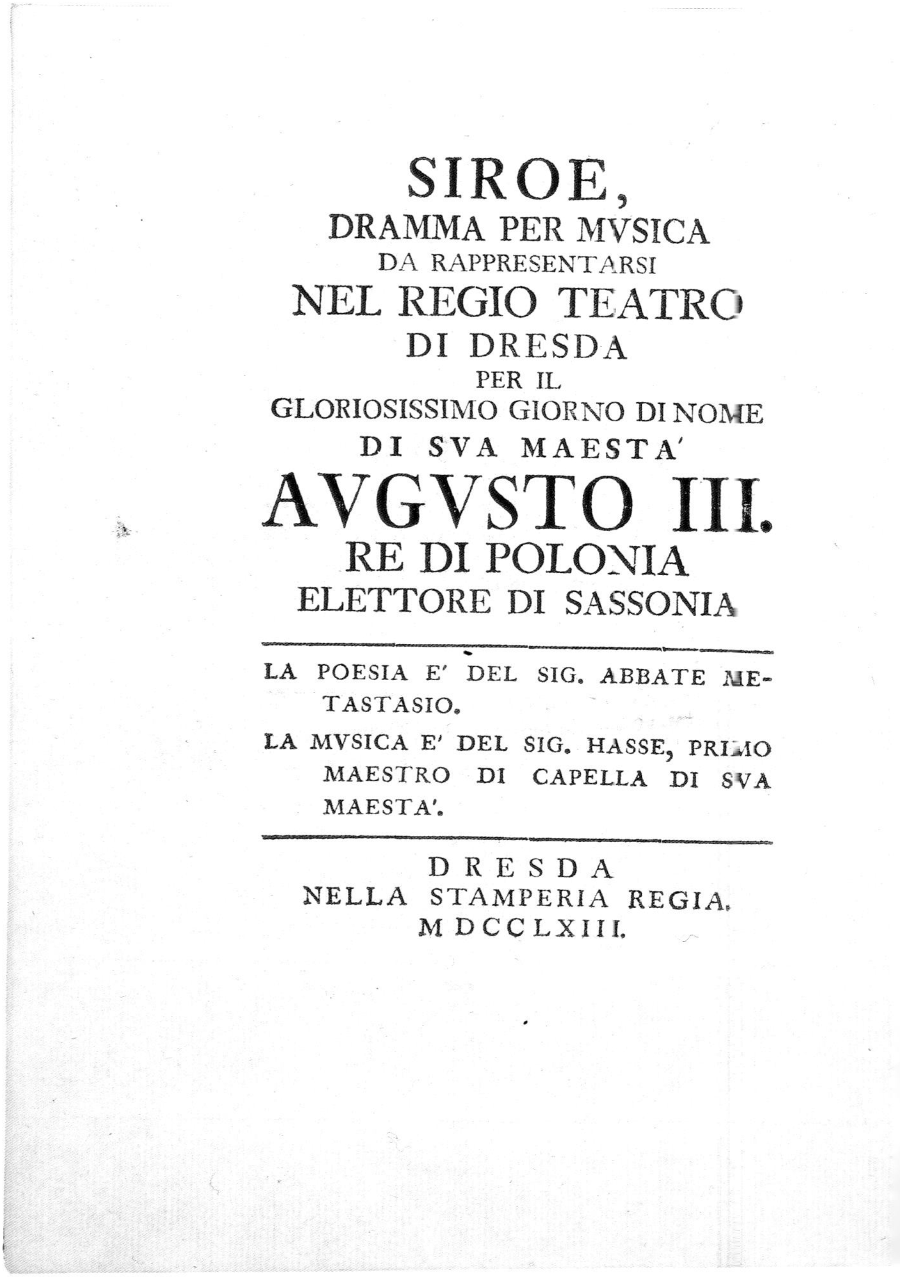
SIROE,
DRAMMA PER MVSICA
DA RAPPRESENTARSI
NEL REGIO TEATRO
DI DRESDA
PER IL
GLORIOSISSIMO GIORNO DI NOME
DI SVA MAESTA'
AVGVSTO III.
RE DI POLONIA
ELETTORE DI SASSONIA

LA POESIA E' DEL SIG. ABBATE METASTASIO.

LA MVSICA E' DEL SIG. HASSE, PRIMO MAESTRO DI CAPELLA DI SVA MAESTA'.

DRESDA
NELLA STAMPERIA REGIA.
MDCCLXIII.

96 Italienisches Textbuch mit deutscher Übersetzung. (Kat. 60)

Siroes,

ein Singespiel

welches
auf dem Königl. Theater in Dreßden
am
höchstbeglückten Namenstage
Sr. Königl. Maj.

Augusts des Dritten

Königs in Pohlen ꝛc.
Churfürsten zu Sachsen ꝛc.
vorgestellet wurde.

Die Poesie ist vom Herrn Abt Metastasio;
Die Music vom Herrn Obercapellmeister Haßen.

Dresden,
gedruckt in der Königl. Hofbuchdruckerey.
1763.

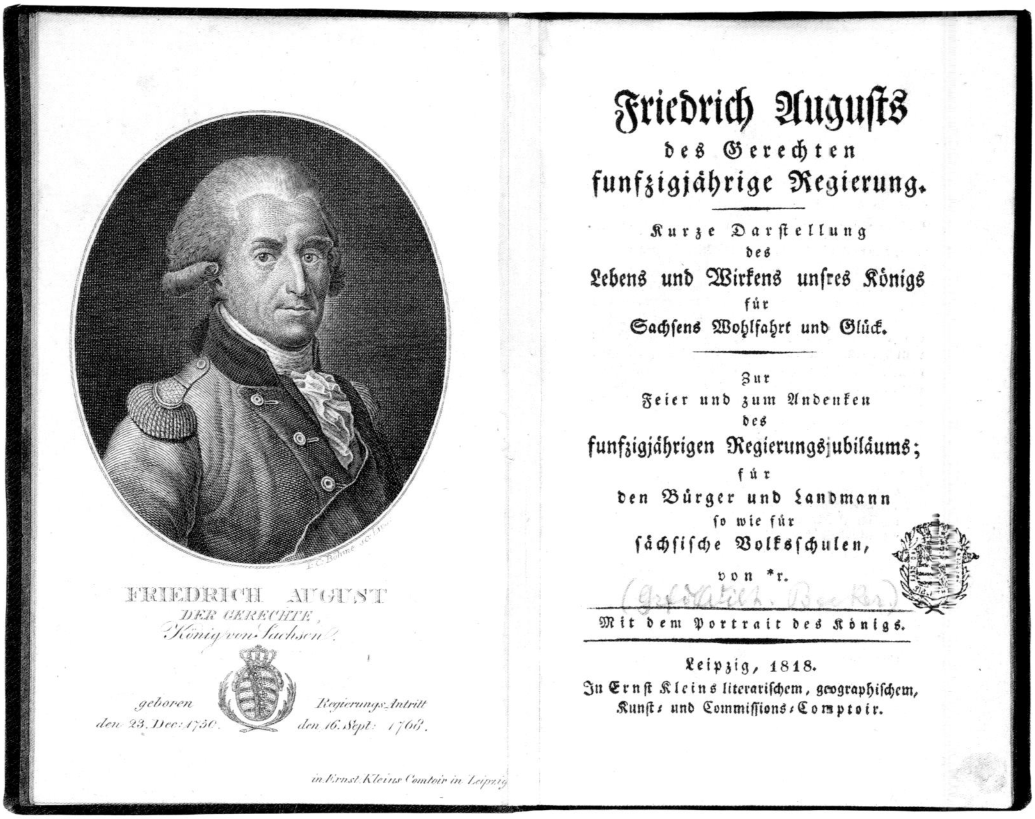

97 Frontispiz und Titelblatt der Festschrift.

zugleich Gründer der ersten Dresdener Singakademie) und Johann Schneider; die Geiger Constantin Christian Dedekind, Johann Paul Westhoff, Johann Jacob Walther, Jean-Baptiste Woulmyer (Volumier), Johann Georg Pisendel, Gregorio Babbi, Giovanni Battista Polledro, Karol Lipínsky und Johann Lauterbach; die Violoncellisten Johann Friedrich Dotzauer und Friedrich Grützmacher; die Flötisten Pierre-Gabriel Buffardin, Johann Joachim Quantz, Johann Caspar Printz und Anton Bernhard Fürstenau; der Lautenist Silvius Leopold Weiß; die Oboisten, Hornisten, Klarinettisten ...

Musikgeschichte »gemacht« haben sie alle, komponierend und interpretierend. Die Ressorts sind dabei lange Zeit fachübergreifend versehen worden: Interpreten komponierten, und Compositeurs hatten, zumindest als Dirigenten, entscheidenden Anteil an der Praxis. Befragt nach solchen Glanzperioden und Spitzenleistungen, die jedem an Musik Interessiertem etwas sagen, müßte man hervorheben: die evangelische Kirchenmusik unter Heinrich Schütz und seinen italienischen Amtskollegen; die katholische Kirchenmusik unter Heinichen, Zelenka, Hasse und Naumann (deren Tradition noch heute lebt, unterbrochen nur durch die Jahre der Nazi-Herrschaft); die italienische Oper unter Bontempi, Lotti, Hasse, Paer, Morlacchi und die deutsche Oper unter Weber (stilistisch vorbereitet durch Naumann) und Wagner; schließlich das internationale Opernrepertoire und die Strauss-Pflege unter von Schuch und Busch. Seit Morlacchi, Rei-

98 Titelblatt der autographen Partitur. (Kat. 126)

99 Robert Schumann: Notenhandschrift mit dem Zusatz »unterbrochen durch die Sturmglocke am 31ten Mai 1849«, der sich auf die revolutionären Maiaufstände in Dresden bezieht. Autograph. (Kat. 132)

ßiger und Wagner belebte sich endlich auch die öffentliche Konzerttätigkeit der Kapelle, gipfelnd in den noch heute zelebrierten »Palmsonntagskonzerten« – der Italiener Morlacchi leitete hier eine der frühesten Aufführungen von Bachs Matthäuspassion nach deren Neuentdeckung durch Mendelssohn-Bartholdy, und Wagner begründete die Tradition, am Palmsonntag Beethovens Neunte Sinfonie zu spielen. Alsbald fand sich auswärtige Prominenz ein, um bei den Konzerten zu gastieren; Paganini, Berlioz und Liszt seien stellvertretend für alle anderen genannt.

Exklusiv für den Hof, aber zugleich ein Magnet für auswärtige Musiker sind in der ersten Hälfte des 18. Jahrhunderts die von Woulmyer und Pisendel geleiteten Kammermusiken gewesen. Ein Jahrhundert später nahm die Kapelle mit dem eigens gegründeten Tonkünstler-Verein eine neue Tradition der Kammermusik-Pflege auf, die keinerlei materiellen Gewinn für die Musiker, dafür aber künstlerische Vervollkommnung bringen sollte, dem Publikum hingegen Bildung und Genuß. An dieser Zielsetzung hat sich bis heute nichts geändert.

Resümierend darf man dieser nun schon fast viereinhalb Jahrhunderte umfassenden, vorwiegend unter dem Schutz eines kunstsinnigen Hofes gewachsenen Musikkultur, in Anlehnung an ein in Dresden vielzitiertes Hauptmann-Wort, attestieren: »Ströme sind von ihr ausgegangen, viele haben durstig davon getrunken« – so Berlin und Schwerin, Stockholm und Kopenhagen, Moskau und Warschau, ja selbst München und Prag, Wien und

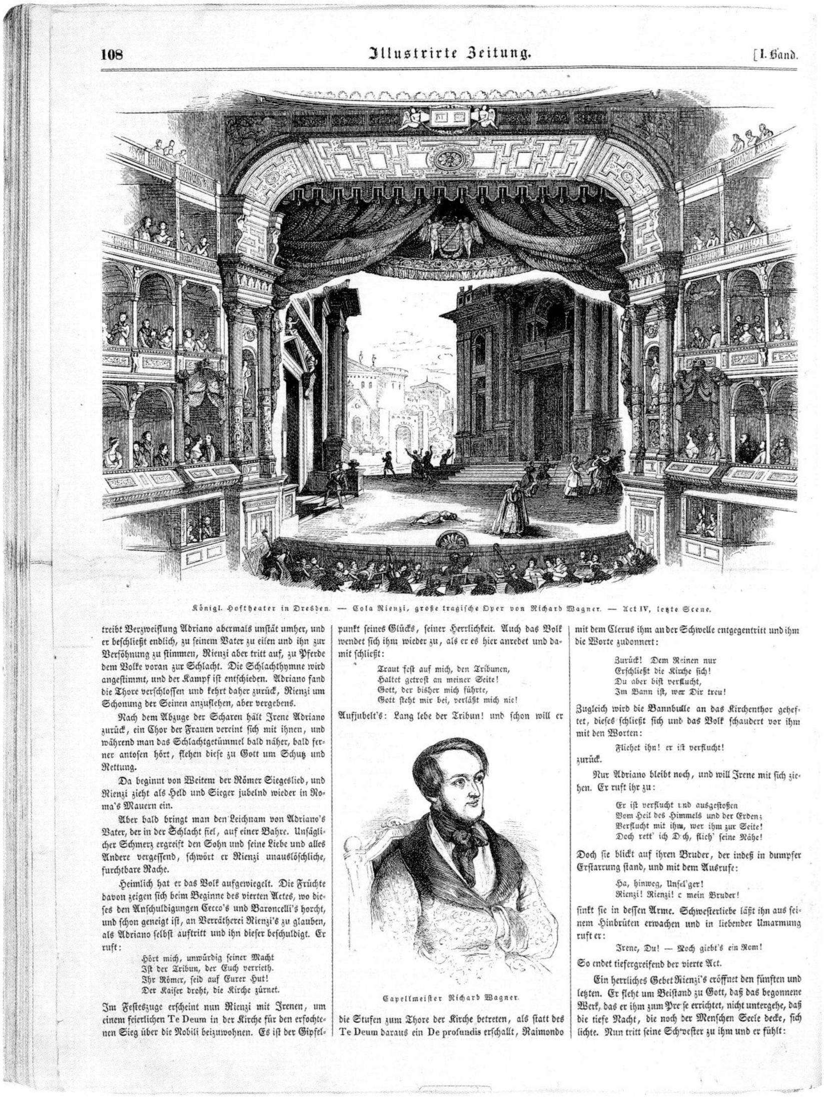

108 Illustrirte Zeitung. [I. Band.

Königl. Hoftheater in Dresden. — Cola Rienzi, große tragische Oper von Richard Wagner. — Act IV, letzte Scene.

treibt Verzweiflung Adriano abermals unstät umher, und er beschließt endlich, zu seinem Vater zu eilen und ihn zur Versöhnung zu stimmen, Rienzi aber tritt auf, zu Pferde dem Volke voran zur Schlacht. Die Schlachthymne wird angestimmt, und der Kampf ist entschieden. Adriano fand die Thore verschlossen und kehrt daher zurück, Rienzi um Schonung der Seinen anzuflehen, aber vergebens.

Nach dem Abzuge der Scharen hält Irene Adriano zurück, ein Chor der Frauen vereint sich mit ihnen, und während man das Schlachtgetümmel bald näher, bald ferner antosen hört, flehen diese zu Gott um Schutz und Rettung.

Da beginnt von Weitem der Römer Siegeslied, und Rienzi zieht als Held und Sieger jubelnd wieder in Roma's Mauern ein.

Aber bald bringt man den Leichnam von Adriano's Vater, der in der Schlacht fiel, auf einer Bahre. Unsäglicher Schmerz ergreift den Sohn und seine Liebe und alles Andere vergessend, schwört er Rienzi unauslöschliche, furchtbare Rache.

Heimlich hat er das Volk aufgewiegelt. Die Früchte davon zeigen sich beim Beginne des vierten Actes, wo dieses den Anschuldigungen Cecco's und Baroncelli's horcht, und schon geneigt ist, an Verrätherei Rienzi's zu glauben, als Adriano selbst auftritt und ihn dieser beschuldigt. Er ruft:

Hört mich, unwürdig seiner Macht
Ist der Tribun, der Euch verrieth.
Ihr Römer, seid auf Eurer Hut!
Der Kaiser droht, die Kirche zürnet.

Im Festeszuge erscheint nun Rienzi mit Irenen, um einem feierlichen Te Deum in der Kirche für den erfochtenen Sieg über die Nobili beizuwohnen. Es ist der Gipfelpunkt seines Glücks, seiner Herrlichkeit. Auch das Volk wendet sich ihm wieder zu, als er es hier anredet und damit schließt:

Traut fest auf mich, den Tribunen,
Haltet getrost an meiner Seite!
Gott, der bisher mich führte,
Gott steht mir bei, verläßt mich nie!

Aufjubelt's: Lang lebe der Tribun! und schon will er

Capellmeister Richard Wagner.

die Stufen zum Thore der Kirche betreten, als statt des Te Deum daraus ein De profundis erschallt, Raimondo mit dem Clerus ihm an der Schwelle entgegentritt und ihm die Worte zudonnert:

Zurück! Dem Reinen nur
Erschließt die Kirche sich!
Du aber bist verflucht,
Im Bann ist, wer Dir treu!

Zugleich wird die Bannbulle an das Kirchenthor geheftet, dieses schließt sich und das Volk schaudert vor ihm mit den Worten:

Fliehet ihn! er ist verflucht!

zurück.

Nur Adriano bleibt noch, und will Irene mit sich ziehen. Er ruft ihr zu:

Er ist verflucht und ausgestoßen
Vom Heil des Himmels und der Erden;
Verflucht mit ihm, wer ihm zur Seite!
Doch rett' ich Dich, flieh' seine Nähe!

Doch sie blickt auf ihren Bruder, der indeß in dumpfer Erstarrung stand, und mit dem Ausrufe:

Ha, hinweg, Unsel'ger!
Rienzi! Rienzi! o mein Bruder!

sinkt sie in dessen Arme. Schwesterliebe läßt ihn aus seinem Hinbrüten erwachen und in liebender Umarmung ruft er:

Irene, Du! — Noch giebt's ein Rom!

So endet tiefergreifend der vierte Act.

Ein herrliches Gebet Rienzi's eröffnet den fünften und letzten. Er fleht um Beistand zu Gott, daß das begonnene Werk, das er ihm zum Preise errichtet, nicht untergehe, daß die tiefe Nacht, die noch der Menschen Seele decke, sich lichte. Nun tritt seine Schwester zu ihm und er fühlt:

100 »Illustrirte Zeitung«, Leipzig, vom 12. August 1843.
Bericht über die Dresdener Uraufführung von Richard Wagners »Rienzi«.
(Kat. 135)

101 Gruppenfoto anläßlich der Uraufführung von Strauss' Oper »Der Rosenkavalier« am 26. Januar 1911 in Dresden. (Kat. 215)

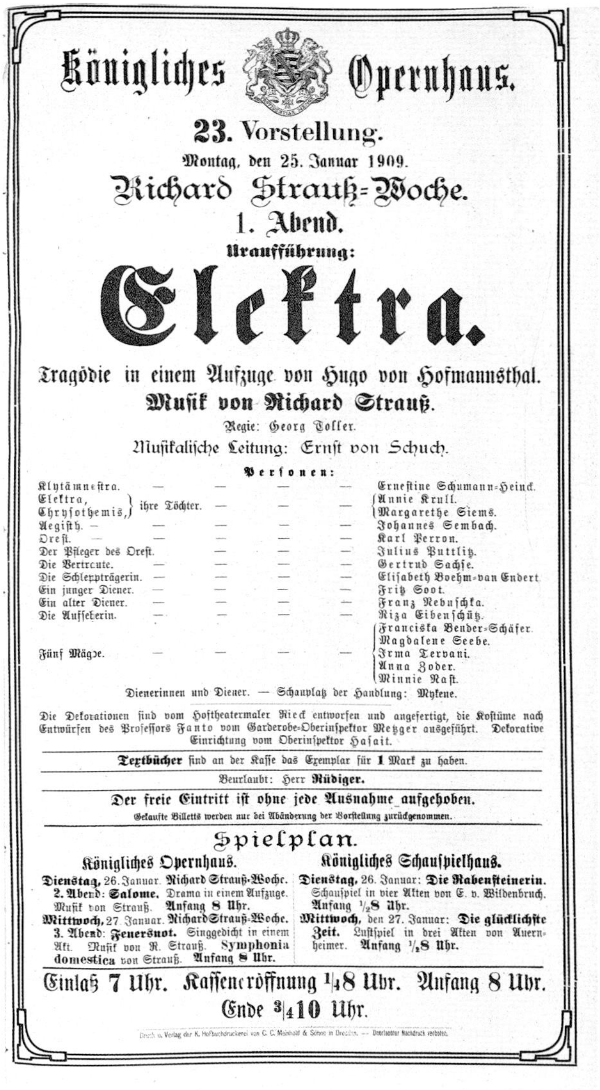

Königliches Opernhaus.

23. Vorstellung.

Montag, den 25. Januar 1909.

Richard Strauß-Woche.

1. Abend.

Uraufführung:

Elektra.

Tragödie in einem Aufzuge von Hugo von Hofmannsthal.

Musik von Richard Strauß.

Regie: Georg Toller.

Musikalische Leitung: Ernst von Schuch.

Personen:

Klytämnestra.	Ernestine Schumann-Heinck.
Elektra, ihre Töchter.	Annie Krull.
Chrysothemis, ihre Töchter.	Margarethe Siems.
Aegisth.	Johannes Sembach.
Orest.	Karl Perron.
Der Pfleger des Orest.	Julius Puttlitz.
Die Vertraute.	Gertrud Sachse.
Die Schleppträgerin.	Elisabeth Boehm-van Endert.
Ein junger Diener.	Fritz Soot.
Ein alter Diener.	Franz Nebuschka.
Die Aufseherin.	Riza Eibenschütz.
Fünf Mägde.	Franciska Bender-Schäfer. Magdalene Seebe. Irma Tervani. Anna Zoder. Minnie Nast.

Dienerinnen und Diener. — Schauplatz der Handlung: Mykene.

Die Dekorationen sind vom Hoftheatermaler Rieck entworfen und angefertigt, die Kostüme nach Entwürfen des Professors Fanto vom Garderobe-Oberinspektor Metzger ausgeführt. Dekorative Einrichtung vom Oberinspektor Hasait.

Textbücher sind an der Kasse das Exemplar für **1** Mark zu haben.

Beurlaubt: Herr **Rüdiger.**

Der freie Eintritt ist ohne jede Ausnahme aufgehoben.

Gekaufte Billetts werden nur bei Abänderung der Vorstellung zurückgenommen.

Spielplan.

Königliches Opernhaus.

Dienstag, 26. Januar. **Richard Strauß-Woche. 2. Abend: Salome.** Drama in einem Aufzuge. Musik von Strauß. **Anfang 8 Uhr.**

Mittwoch, 27. Januar. **Richard Strauß-Woche. 3. Abend: Feuersnot.** Singgedicht in einem Akt. Musik von R. Strauß. **Symphonia domestica** von Strauß. **Anfang 8 Uhr.**

Königliches Schauspielhaus.

Dienstag, 26. Januar: **Die Rabensteinerin.** Schauspiel in vier Akten von E. v. Wildenbruch. **Anfang ½8 Uhr.**

Mittwoch, den 27. Januar: **Die glücklichste Zeit.** Lustspiel in drei Akten von Auernheimer. **Anfang ½8 Uhr.**

Einlaß 7 Uhr. Kassenöffnung ¼8 Uhr. Anfang 8 Uhr.

Ende ¾10 Uhr.

Druck u. Verlag der K. Hofbuchdruckerei von C. C. Meinhold & Söhne in Dresden. — Unerlaubter Nachdruck verboten.

102 Programmzettel der Uraufführung. (Kat. 219)

Venedig. Aber immer auch hat Dresden bereitwillig und hellhörig neue Strömungen von außen aufgenommen, gepflegt, veredelt, verändert. Nicht nur, aber beispielsweise auch im 18. Jahrhundert. Hier rivalisierten zunächst französische und italienische ästhetische Normen europaweit; darüber hinaus wurden sogenannte Nationalstile modern (z.B. polnische Folklore); Gluck und die französische Revolutionsmusik lösten neue Entwicklungen aus; die Wiener Klassik entfaltete ihre Größe. Daß Dresden sich dabei seine eigene Position schuf – mit der Kultivierung eines »vermischten Geschmacks«, mit der Entwicklung des Hasseschen Personalstils, schließlich mit Naumanns Vorahnungen romantischer Vokal- und Instrumentalsatztechnik –, zeigt deutlich, wie stark Dresdens eigene schöpferische Potenz war. Bis heute ist allzu wenig davon erforscht, trotz imponierender musikhistoriographischer Leistungen innerhalb der Stadt selbst. Auf dem Gebiet der Musik können sich »Ansichten von Dresden« künftig nur klarer gestalten und, vereint mit dem Wissenszuwachs, letztlich Stolz auf dieses Kapitel deutscher Kulturgeschichte erzeugen.

Nach den bisherigen Ausführungen dürfte es kaum verwundern, daß ein besonderer Konnex zwischen der Sächsischen Landesbibliothek und der Staatskapelle Dresden, als den beiden ältesten kursächsischen Kulturinstituten, besteht. Unterstützt durch königliche Zuwendungen, wuchs die Bibliothek ganz organisch in die Rolle eines Archivs der Kapelle hinein. Was sie heute nicht besitzt, war entweder nie ihr Sammelgegenstand (etwa die Archivalien im engeren Sinne, die das Dresdener Staatsarchiv verwahrt) oder wurde durch Kriege und Brände vernichtet (so der älteste Teil des Kapell-Notenarchivs, der bei der Bombardierung Dresdens durch die Preußen 1760 verbrannte). Lücken gibt es leider erneut seit 1945, als ausgelagerte Kostbarkeiten der Bibliothek infolge von Überschneidungen sowjetischer Militärbefehle nicht nach Dresden zurückkehrten, sondern in die Sowjetunion transportiert wurden. Hier liegen sie bis heute. In der Zahl von 200000 Bänden wertvollsten Altbestandes, um deren Rückkehr die Bibliothek sich noch immer bemüht, scheinen die teilweise singulär überlieferten, heute vermißten Musikalien noch gar nicht enthalten zu sein. Sie gehören indes so ausschließlich in die Dresdener Tradition, daß ihr Verbleib außerhalb ihres historischen Kontextes keinen Sinn hätte. Hoffen wir also auf eine positive Entwicklung bei der Lösung dieses Problems!

Desillusionierende Ansichten von Dresden

Progressive Kunstäußerungen, die sich konformen Richtungen verweigerten, haben der Kunstentwicklung in Dresden seit der Gründung der Künstlergemeinschaft »Die Brücke« im Jahre 1905 in Dresden immer wieder wichtige Impulse gegeben, die auch über die Stadt hinaus bis in die Gegenwart wirkten.

Die Künstlergemeinschaft »Die Brücke«, von den Architekturstudenten Bleyl, Heckel, Kirchner und Schmidt-Rottluff gegründet, wirkte zu Beginn des Jahrhunderts für wenige Jahre grundlegend auf die Kunstentwicklung in Dresden und damit auch auf die Sicht der Stadt ein. An die Stelle konventioneller, beschaulicher Ansichten auf die Schönheiten der sächsischen Landesmetropole traten expressive Darstellungen von Industrie- und Arbeitervierteln Dresdner Vorstädte in ungedämpften, großen Farbflächen und starken Konturen. Ziel dieser Künstlergruppe war es, Freiheit für ihr Kunstverständnis durchzusetzen. Man wollte »unmittelbar und unverfälscht« das wiedergeben, was »zum Schaffen drängte«. Wenn sich auch »Die Brücke« nach 1908 allmählich wieder auflöste, da die meisten ihrer Mitglieder im weltoffenen Berlin günstigere Möglichkeiten für die Verwirklichung ihres künstlerischen Anliegens sahen, so ist doch ihr Nachhall bis in die Gegenwart in Dresden deutlich spürbar.

Ab 1933 wurde eine schöpferische Kunstentwicklung für mehrere Jahrzehnte durch eine intolerante Kulturdiktatur verhindert. Desillusionierende Ansichten der Stadt paßten nicht zur staatlich verordneten Lebensfreude. Zu den traurigsten Verlusten der Dresdner Kunstszene während der Zeit des Faschismus gehört 1933 die Vertreibung von Otto Dix von der Kunsthochschule und damit aus Dresden. Der Künstler hat in seinem Bild »Lot und seine Töchter« (1939) der brennenden Stadt Sodom die Konturen Dresdens gegeben und damit die Vernichtung der Stadt, sechs Jahre später, bereits vorausgeahnt. Nach der totalen Zerstörung der Dresdner Innenstadt im Februar 1945 wurden die gespenstischen Ruinen desillusionierendes Motiv der nun entstehenden Dresden-Bilder. Am bekanntesten wurden die Zeichnungen, Holzschnitte und Gemälde Wilhelm Rudolphs. Doch diese Dokumente des Grauens waren durch erneute kulturpolitische Reglementierungen am Ende der vierziger Jahre bald unerwünscht. Man forderte optimistische Bildinhalte, die den Aufbauwillen des Volkes dokumentieren sollten.

Erst Ende der siebziger Jahre begannen in Dresden meist jüngere, in den fünfziger Jahren geborene Künstler, eine subjektive Formensprache zu finden, die sie unabhängig von den kulturpolitischen Forderungen und ohne Streben nach offizieller Anerkennung verwirklichten. Wie einst die Maler der »Brücke«

wollten sie ohne politische Zensur das darstellen, was sie empfanden. Dabei knüpften sie gleichzeitig an multimediale Kunstformen der zwanziger Jahre und an sozialkritische Kunstäußerungen der Vorkriegszeit an. Betont subjektive Kunstformen, wie Happening, Performance und Environment, ermöglichten durch das Zusammenwirken unterschiedlicher Kunstgattungen, wie Film, Fotografie, Tanz, Musik und Installation, neue Ausdrucksmöglichkeiten, mit denen die Künstler auch auf aktuelle Probleme in ihrer Stadt aufmerksam machen wollten.

Der Verfall der Dresdner Bausubstanz, ökologische Probleme und die Beeinträchtigung nonkonformer Kunstäußerungen durch Vertreter der offiziellen Kulturpolitik sind unter anderem Themen solcher Aktionen, mit denen die Künstler das Publikum zum Nachdenken anregen und damit in ihre Aktionen einbeziehen wollten. Der Betrachter sollte beunruhigt und zugleich aktiviert werden. Derartige Kunstaktionen wurden häufig in sogenannten Künstlerbüchern dokumentiert, die von Autoren, Künstlern und Fotografen im Selbstverlag in limitierten, signierten Auflagen hergestellt wurden. Die expressive Dynamik und die Endzeitstimmung, die sie vermitteln, kündigten bereits die zunehmenden Spannungen an, die nur wenige Jahre später die entscheidende politische Wende einleiten sollten.

Die Sächsische Landesbibliothek wurde Mitte der achtziger Jahre auf diese meist im Untergrund entstandenen Werke aufmerksam und begann, regelmäßig diese originalgrafischen Bü-

103 Zigarettenfabrik »Yenidze« von der Marienbrücke aus, vor 1945. Im Inneren der Kuppel befindet sich die Installation der Gruppe MEIER 1988 (Bild 92).

104 Die Villa Marie, um 1870 als Sommersitz einer ungarischen Grafenfamilie erbaut, wurde in den achtziger Jahren zur inoffiziellen Galerie junger Künstler in der Privatwohnung von Wanda C. Reichardt, bis sie im September 1987 verboten wurde.

105 Villa Marie, 1982. Fotografie von Werner Lieberknecht, in: »Villa Marie«, Dresden 1990.

cher und Zeitschriften zu erwerben, so daß sie heute über eine der bedeutendsten Sammlungen dieses Genres verfügt. Sie dokumentiert nicht nur die künstlerisch-expressive Formensprache des letzten Jahrzehnts der DDR, sondern auch die politischen und ökologischen Probleme dieser Zeit. In Dresden konnten sich bereits Ende der siebziger Jahre in Privatwohnungen und kleineren Galerien Künstleraktivitäten entfalten, die sich gegen akademisches Bilderdenken und ideologische Vorschriften wandten und daher von der staatlichen Zensur argwöhnisch beobachtet wurden, auch dann, wenn das Anliegen solcher Aktionen weitgehend unpolitisch gemeint war. Die Folge war, daß zahlreiche Literaten, bildende Künstler und Fotografen die DDR verließen. Zu den bedeutendsten Persönlichkeiten, die Ende der siebziger und zu Beginn der achtziger Jahre nicht mehr in Dresden leben, gehören A.R. Penck, Sascha Anderson und Helge Leiberg.

Galerien, die für derartige Künstleraktivitäten bekannt wurden, waren das Leonardi-Museum, die Wohngalerie »fotogen« von Wanda C. Reichhardt in der Villa Marie, die Galerie »Mitte« und später die Galerie der Brüder Lehmann, die 1989 in einer Privatwohnung ohne staatliche Genehmigung Ausstellungsräume für Künstler zur Verfügung stellte.

Wanda C. Reichardt dokumentierte die Aktivitäten dieser avantgardistischen Galerien, die in ständiger Reibung mit den staatlichen Stellen ihr Anliegen durchzusetzen versuchten, in einem Künstlerbuch, das 1989 unter dem Titel »chronisch 1« mit

106 »Pechmarie«, 1990. Siebdruck von Lutz Fleischer,
in: »Villa Marie«, Dresden 1990. (Kat. 285)

fotografischen Ansichten dieser Galerien erschien. Zu Ehren der Villa Marie, die fast zehn Jahre lang die Galerie »fotogen« beherbergte (bevor sie unter sehr fragwürdigen Umständen dem Kombinat Obst-Gemüse-Speisekartoffeln zugesprochen wurde), initiierte Wanda Reichardt eine Grafikmappe, in der sechs Künstler ihre Verbundenheit mit der an der Elbe gelegenen Villa zum Ausdruck bringen. Zu einer Aktion der Dresdner Kunsthochschule unter dem Titel »Nachtmär« entstand 1988 ein Künstlerbuch, das deutlich zeigt, wie sich auch die staatliche Kunsthochschule seit Ende der achtziger Jahre internationalen Kunsttendenzen öffnete. Das Gebäude der Kunsthochschule, seit Jahren Ruine und weiterhin vom Verfall bedroht, bot für die Vanitassymbolik zahlreicher Kunstaktionen einen passenden Rahmen.

Dresdner Architektur, sowohl Gebäude des so lange verachteten Historizismus als auch Abbruchhäuser der Dresdner Randgebiete, wurde in Künstlerbüchern zum kunstwürdigen Sujet erhoben. Zum Beispiel veranstalteten Künstler der Gruppe »MEIER« 1988 in der 1909 im islamischen Stil erbauten YENIDZE eine Installation, in welche die farbigen Lichtreflexe der imposanten Glaskuppel einbezogen und so die Wirkung der Architektur unter neuen Aspekten sichtbar wurde. Dieses das Stadtbild Dresdens so markant mitbestimmende Gebäude, das in keinem Kunstführer erwähnt wird, weil es ja erst in unserem Jahrhundert erbaut wurde und nur ein Zigarettenkontor ist, erregte durch diese Aktion neue Aufmerksamkeit.

Eine Kunstaktivität mit betont provozierendem Anliegen beabsichtigte Kurt Buchwald mit seiner Aktion »fotografieren verboten«. An trostlose, unbewohnte Häuser, Ruinen der Friedenszeiten, die seit Jahrzehnten dem Verfall preisgegeben wurden, befestigte er Schilder mit dem Hinweis »fotografieren verboten«, womit er auf die tragischen Relikte einer verfehlten Wohnungsbaupolitik aufmerksam machen wollte und so zahlreiche Diskussionen auslöste.

Weder beschaulicher Anblick einer einst weltberühmten Residenzstadt noch protzige Glorifizierung einer sozialistischen Großstadt sind charakteristisch für die Wiedergabe Dresdens in der Kunst der achtziger Jahre und damit in den originalgrafischen Büchern und Mappen. Vielmehr wollen die Künstler provozieren, auf Mißstände aufmerksam machen, wachrütteln und neue Wege für die weitere Entwicklung dieser Kunststadt suchen.

Zeittafel

929 Gründung der Burg Meißen.

968 Gründung des Bistums Meißen, kurz zuvor der Mark Meißen.

1004 Gau Nisane erwähnt.

1068 Burgward Pesterwitz erwähnt.

1071 Burgward Briesnitz erwähnt.

Um 1100 Beginn der Einwanderung deutscher Siedler.

1144 Der Gau Nisane gelangt an die Wettiner.

31. März 1206 Ersterwähnung Dresdens.

21. Januar 1216 Dresden wird als Stadt bezeichnet.

Vor 1265 Gründung des Franziskanerklosters.

1271 Der Markgraf verkauft den Marktzoll an einen reichen Dresdner Bürger.

1292 Ersterwähnung eines Bürgermeisters.

1309 Ältestes bekanntes Stadtsiegel, aus dem im 16. Jahrhundert das Stadtwappen hervorging.

1378 Erste Erwähnung von Zünften.

1403 Altendresden erhält Stadtrecht.

1404 Stiftung des Augustinerklosters.

1409–1412 Hussitische Lehrer an der Kreuzschule.

1412 Dresden erlangt die niedere Gerichtsbarkeit.

1421 Erwähnung der Dreikönigsreiche in Altendresden.

1429 Die Hussiten vor Dresden.

1455 Nierlags- und Stapelrecht.

Mitte des 15. Jh. Der Striezelmarkt als Wochenmarkt.

1474 Erwähnung des Christbrotes (Vorläufer des Dresdner Stollens).

1470–1471 Neue Ratsordnung.

1485 Leipziger Teilung. Dresden wird ständige Residenz der Albertiner.
Die Stadt erlangt im gleichen Jahr pachtweise die Hochgerichtsbarkeit.

1491 Großer Stadtbrand.

1516 und 1518 Aufenthalt Luthers in Dresden.

1521 Beginn reformatorischer Umtriebe in der Stadt.

1530–1535 Bau des Georgentores.

1541–1553 Regierungszeit Herzog Moritz'.

1539 Einführung der Reformation im albertinischen Sachsen.

1546 Baubeginn einer modernen Stadtbefestigung.

1547 Kurfüst Johann Friedrich belagert Dresden und plündert Altendresden.

1547 Beginn der Schloßerweiterung.

1548 Gründung der Hofcantorey.

1549–1550 Angliederung Altendresdens.

1556 Anfänge der heutigen Sächsischen Landesbibliothek.

1558–1563 Bau des Zeughauses. Heute dort Albertinum.

1568 Baubeginn des Jägerhofes in Altendresden.

1577 Erste Erwähnung der Vogelwiese.

1586–1591 Bau des Stallhofes.

1590 Baubeginn des ersten Belvederes durch J.M. Nosseni auf der heutigen Brühlschen Terrasse. 1747 zerstört.

1601 Hinrichtung des Kanzlers Krell.

1601 Einweihung der Sophienkirche. 1945 zerstört.

1617 Heinrich Schütz wird zum Hofkapellmeister berufen.

1618–1648 Dreißigjähriger Krieg.

1645 Mit dem Waffenstillstand von Kötzschenbroda geht für Kursachsen der Krieg zu Ende.

1664 Baubeginn des Opernhauses.

1670 Gründung von Neustadt-Ostra.

1676 Anlage des Großen Gartens.

1678 Errichtung einer Wollmanufaktur in Neustadt-Ostra.

1685	Brand Altendresdens.
1686	Palais im Großen Garten.
1694–1733	Regierungszeit August des Starken.
1707	Bau des Taschenberg-Palais.
1711–1732	Errichtung des Zwingers.
1726–1743	Bau der neuen Frauenkirche.
1732	Bau des Blockhauses, Baubeginn der neuen Dreikönigskirche und Umbau des 1715 erbauten Holländischen zum Japanischen Palais.
1736	Aufstellung des Goldenen Reiters.
1738–1756	Bau der katholischen Hofkirche. Heute Kathedrale.
1754	Ankauf der Sixtinischen Madonna für die Gemäldesammlung.
1756	Die Preußen besetzen zu Beginn des Siebenjährigen Krieges die Stadt.
1758	Zerstörung der Pirnaischen Vorstadt.
1759	Zerstörung der Wilsdruffer Vorstadt.
19. Juli 1760	Schwere Beschießung Dresdens durch preußische Belagerungsarmee.
1783–1815	Christian Gottfried Körner lebt in Dresden.
1792–1794	Georg Friedrich Rebmann in der Stadt.
1794	Gesellenaufstand.
1809–1830	Entfestigung der Stadt.
25./26. Aug. 1813	Schlacht um Dresden.
1817–1826	Carl Maria von Weber Hofkapellmeister.
1828	Gründung der Polytechnischen Bildungsanstalt. Vorläufer der heutigen TU.
Herbst 1830	Politische Unruhen in Dresden.
1831	Sachsen erhält eine Verfassung.
1832	Städteordnung für Sachsen.
1835	Einverleibung der Antonstadt und der Friedrichstadt.
1837	Erste Wahl zur Stadtverordnetenversammlung.
1839	Eröffnung der Eisenbahnlinie Dresden – Leipzig. Beginn des Baues des Opernhauses durch Gottfried Semper.
1843–1849	Richard Wagner Hofkapellmeister.
1847–1854	Bau der Sempergalerie.
3.–9. Mai 1849	Volksaufstand in Dresden.
1850	Verstärkte Industrialisierung setzt ein.
1852	Fertigstellung der Marienbrücke als zweite Elbbrücke.
1869	Brand des Opgernhauses. Bis 1878 Neubau durch Gottfried und Manfred Semper.
1869	Erste Ortsorganisation der Sozialdemokraten.
1872	Gründung der Dresdner Bank.
1872–1876	Schaffung des Fürstenzuges durch Wilhelm Walther.
1884	Baubeginn des Albertinums auf den Resten des Zeughauses.
1888	Lingner-Werke gegründet.
1889	Ernemann-Werk (Kamera-Produktion).
1891–1893	Bau des Blauen Wunders.
1892–1903	Zahlreiche Eingemeindungen.
1893	Erste elektrische Straßenbahn in der Stadt.
1895	Bau des Elbhafens und einer Standseilbahn.
1901–1907	Bau des Landtagsgebäudes durch P. Wallot.
1905	Gründung des Künstlerkreises »Brücke«.
1905–1910	Bau des neuen Rathauses.
1907–1910	Neubau der Augustusbrücke.
1912	Zirkus Sarrasani erbaut.
1918	Novemberrevolution. Dresden wird Hauptstadt des Freistaates Sachsen.
März 1920	Flucht der Reichsregierung, vorübergehender Aufenthalt in Dresden.
Okt. 1923	Absetzung der Regierung Zeigner.
8. März 1933	Nationalsozialistische Bücherverbrennung.
9. 11. 1938	»Reichskristallnacht«.
13./14. Feb. 1945	Zerstörung Dresdens durch britisch-amerikanische Bomber.
8. Mai 1945	Kriegsende. Eroberung Dresdens durch sowjetische Truppen.
10. Mai 1945	Einsetzung einer provisorischen Stadtverwaltung.
1952	Zerschlagung der ostdeutschen Länder. Dresden wird Bezirkshauptstadt.
1956	Wiedereröffnung der Gemäldegalerie.
1958	Neueröffnung des Grünen Gewölbes.
3. Okt. 1989	Beginn der Unruhen in der Stadt.
18. März 1990	Erste und letzte freie Wahl der DDR-Volkskammer.
26. Mai 1990	Freie Kommunalwahlen, CDU stärkste Partei in Dresden.
14. Okt. 1990	Landtagswahl. Absolute Mehrheit für die CDU.

Katalogverzeichnis

Dieses Verzeichnis enthält alle im Rahmen der Ausstellung »Dresden – Stadt der Fürsten, Stadt der Künstler« gezeigten Exponate mit genauen bibliographischen Angaben und Signatur der Sächsischen Landesbibliothek Dresden. Es ist zugleich das Quellenverzeichnis der Abbildungen in diesem Buch sowie der in den Textbeiträgen behandelten Werke.

DIE KURFÜRSTLICHE RESIDENZ

I. Totalansichten

1. [von Klengel]: »Grundriß der Stadt Dresden wie solche ao. 1529 zu sehen geweset«, [ca. 1:4500] [Nürnberg, 1680]
   Kupferstich, 31,8 cm x 39,6 cm
   Signatur: A 14277
2. Hogenberg, Franz: »Dresa florentissimum Misniae opp. illust. Saxoniae ducum sedes«, 1572
   Kupferstich, 15 cm x 46,7 cm
   Signatur: B 1435
3. Ansicht von Dresden, 1587
   Holzschnitt, 7,8 cm x 9,9 cm
   Signatur: B 1436
4. Simon, Tobias: »Oratio de Dresda ...«, Dresden (Bergen) 1612
   Titelblatt
   Signatur: Hist. Sax. G. 99, 6
5. Merian, Matthäus: »Dressden«, 1650 oder 1695.
   Kupferstich, 11,8 cm x 37 cm
   Signatur: B 1439
6. Schollenberger: »Prospect umb Dresden«, 17. Jahrhundert
   Kupferstich, 20 cm x 78 cm
   Signatur: B 1445
7. »Einleitung Zur Historie des Chur-Fürstenthums Sachsen ...«, Franckfurth, Leipzig (Riegel) 1714
   Ansicht, nach S. 56 des 4. Teils
   Kupferstich, 15 cm x 36 cm
   Signatur: Hist. Sax. A. 541
8. JCCANDER [d. i. Johann Christian Crell]: »Auf dem höchsten Gipfel seiner Vollkommenheit und Glückseligkeit prangende Königliche Dreßden ...«, 3. Ed., Leipzig (Martini) 1726
   Titelbild und Titelblatt
   Signatur: Hist. Sax. G. 461
9. Bodenehr, Moritz: »Augustus ex Polonia Redux«, o. O. 1727
   Titelblatt
   Signatur: Hist. Sax. C. 233, 124
10. Engelbrecht, Martin: »Prospect Die königl. und Chur=Sächsische Residenz-Stadt Dreßden«, nach 1726
    Kupferstich, 17,3 cm x 28,8 cm
    Signatur: B 1452

10a. Bodenehr, Gabriel: Die Königlich=und Churfürstlich=Saechsische Residentz=

Stadt Dresden, vor 1721.
Kupferstich, 17 cm x 32,7 cm
Signatur: B 1451

11. »Das fröhliche Dreßden ...«, Regensburg, um 1735, S. 2f.
Signatur: Hist. Sax. G. 109

12. Pöllnitz, Carl Ludwig von: »Das Galante Sachsen«, Amsterdam 1735
Titelbild und Titelblatt
Signatur: Hist. Sax. C. 1626

13. Rößler, S.E.: Ansicht von Dresden, 18. Jahrhundert
Kupferstich, 7,5 cm x 30,2 cm
Signatur: B 1459

14. Stein, August Ludwig: »Dresden von der Gegend vor dem Weisen Thore«, Leipzig 1777
Kolorierte Radierung,
20,9 cm x 35,5 cm
Signatur: B 1466

15. »Briefe eines Engländers auf seiner Reise nach Berlin, Dresden, Wien ...«, Frankfurt, Leipzig (Haug) 1780, S. 30f.
Signatur: Geogr. C. 2225

16. Lehninger, Jean Auguste: »Description de la ville de Dresde ...«, Dresden (Walther) 1782
Titelbild und Titelblatt
Signatur: Hist. Sax. G. 470

17. Daßdorf, Carl Wilhelm: »Beschreibung der vorzüglichsten Merkwürdigkeiten der Churfürstlichen Residenzstadt Dresden ... Th. 1«, Dresden (Walther) 1782, S. 26f.
Signatur: Hist. Sax. G. 469

18. Riesbeck, Johann Kasper: »Briefe eines Reisenden Franzosen über Deutschland An seinen Bruder zu Paris«, Bd. 2, 2., beträchtl. verb. Ausg., o. O. 1784, S. 6f.
Signatur: Geogr. Germ. 359

19. »Ansicht der Churfürstlich Saechsischen Residenz Stadt Dresden, wie sich solche gegen Mitternacht praesentiret«, nach 1792
Kolorierte Radierung, 38,7 cm x 47,5 cm
Signatur: B 1473

20. Balzer, Andreas: »Ansicht von Dresden«, 2. Hälfte 18. Jahrhundert
Kupferstich, 24,7 cm x 27,7 cm
Signatur: B 1474

21. Laurin, Heinrich Friedrich: »Ansicht von Dresden gegen Mitternacht«, Ende 18. Jahrhundert
Kolorierter Kupferstich,
28 cm x 36,2 cm
Signatur: B 1475

22. Seutter, Matth[äus]: »Dresda ad Albim, Saxoniae superioris metropolis ac magnifica ducis electoris et regis Poloniae sedes ... Dresden an der Elb, eine Haupt-Stadt des Obern Sachsen, u. höchst vortreffliche Residentz des dasigen Churfürsten u. König in Pohlen«, [ca. 1:6000], Augsp[urg] [um 1755]
Kolorierter Kupferstich,
48 cm x 55 cm
Signatur: A 16743

23. Seutter, Matth[äus]: »Dresda ad Albim ...«
Kolorierter Kupferstich mit handschriftlichen Eintragungen zur Beschießung Dresdens
1760, 48 cm x 55 cm
Signatur: A 19474

24. Cuvilliés, [François de]: »Project zu Ausfüllung des Grabens bey der Königlichen Residenz Stadt Dresden«, [ca. 1:2600], [Bayern, um 1761]
Kolorierte Handzeichnung,
57 cm x 90 cm
Signatur: A 19300

25. Lehmann, Johann Georg: »Grundriß von der [C]hurfürstlichen Sächsischen Hauptstadt Dresden gefertiget im Jahre 1794« [ca. 1:13000]
Kolorierte Zeichnung,
50 cm x 72 cm
Signatur: A 14291

II. Die Brücke

26. »Der Diana Aufzug mit der Jägerey aus dem Churf: Sächs. Jäger=Hause, durch Altendreßden über die Elb:Brücke dem Churf: Stall-Gebäude ...«, 1680
Kupferstich aus dem Werk von Gabriel Tzschimmer,
31 cm x 151,5 cm
Signatur: B 1617

27. Medern, Balthasar Gottfried: »Pritz-

schmeisterische Schützen=ACTA über …
gehaltenes Büchsen=Schießen zu Dreß-
den. – Dreßden, 1699«
Titelblatt
Signatur: Hist. Sax. C. 203[m]

28. Richter, J.A. (Zeichner), und Boetius, C.F. (Stecher): »Die alte Dresdner Brücke und das Kreuz darauf«, 1735
Kupferstich, 23,4 cm x 51,7 cm
Signatur: 1622

29. Hasche, Johann Christian: »Umständliche Beschreibung Dresdens …«, Leipzig (Schwickert) 1781, S. 474f.
Signatur: 1 A 3349

30. Apelblad, Jonas: »Beschreibung seiner Reise durch Ober= und Niedersachsen und Hessen«, Berlin, Leipzig, 1785, S. 112f.
Signatur: Geogr. Germ. 317

III. Altmarkt und Kreuzkirche

31. »Der Sieben Planeten und des Nimrods Aufzugk mit seinen 36 Reichs=Nachfolgern zum Ringk= und quintn=Rennen …, 1680
Kupferstich, 55,5 cm x 155,5 cm
Signatur: 1586

32. Holtzmann, C.F.: »Der Creutzthurm zu Dresden Wie selbiger nach erlittenem Bombardement d. 19. Julii 1760, noch 210. fuß hoch stehen geblieben. aber endlich d. 22. Junii 1765. früh nach 4. Uhr ohne jemandes Beschädigung eingestürtzet«
Kupferstich, 30 cm x 19,5 cm
Signatur: B 1870

33. JCCANDER [d. i. Johann Christian Crell]: »Auf dem höchsten Gipfel …«, 2. Ed., Leipzig 1723, S. 122f.
Signatur: Hist. Sax. G. 607

34. Bellotto, Bernardo, gen. Canaletto: »Vue de la Grande Place du Vieux Marche …«, 1774
Kupferstich, 32,4 cm x 51,3 cm
Signatur: B 1544

35. Hartenstein, Emanuel [d. i. Christian Wilhelm Kindleben]: »Eines peregrinirenden Weltbürgers Reise von Berlin über Rostock nach Dreßden«, Halle (Hendel) 1780, S. 162f.
Signatur: Biogr. er. D. 3808

36. Klinski, I.G. (Zeichner), und Carl Simon Schönheit: »Ansicht der neuen Dresdner Kreutzkirche«, um 1790
Kolorierter Kupferstich,
62,3 cm x 48,8 cm
Signatur: B 1875

IV. Neumarkt und Frauenkirche

37. Geier, Martin: »Die köstliche Arbeit aus dem 119. Psalm v. 54. …«, Dresden (Löffler) 1672
Titelbild und Titelblatt
Signatur: MB 8° 1228

38. »Specification Dere Festivitaeten So bey ietzigem CARNEVALL …«, Dresden (Riedel) 1695
Blatt 11v – 12r
Signatur: Hist. Sax. C. 198

39. Klötzel, Martin: »Von dem Durchlauchtigsten Chur=Fürsten zu Sachsen … gehaltene Götter-Auffzug«, Dresden 1695
Tafel 5
Signatur: Hist. Sax. C. 199[a]

40. Bodenehr, Moritz: »Prospect der Kirche zu unser L. Frauen in Dreßden«, 1714
Kupferstich, 20 cm x 26,5 cm
Signatur: B 1787

41. Schmidt, J.G. (Zeichner), und Christian Philipp Lindemann (Stecher): »Accurater Diagonal Prospect der neuen Frauenkiche in Dresden«, 1734
Kupferstich, 58 cm x 42 cm
Signatur: B 1801

42. Schmidt, J.G. (Zeichner), und Christian Philipp Lindemann (Stecher): »Diagonal Durch Schnitt der neuen Fr. Kirche in DRESDEN«, 1734–1738
Kupferstich, 59 cm x 43 cm
Signatur: B 1799

43. Bellotto, Bernardo, gen. Canaletto: »Perspective de la Place de la grande, Garde …«, 1750
Kupferstich, 46,8 cm x 80,1 cm
Signatur: B 1559

44. Burney, Charles: »The present state of music in Germany …«, Vol. 2., London (Becket, Robson and Robinson) 1773, S. 30f.
Signatur: MB 8° 91

45. Burney, Carl: »Tagebuch seiner musikalischen Reisen«, Bd. 3., Hamburg (Bode) 1773, S. 24f.
Signatur: MB 8° 93,3 Rara

46. »Parade de la Garde de grenadiers Electorale a Dresde«, Ende 18. Jahrhundert
Kolorierter Kupferstich, 18,5 cm x 31,8 cm
Signatur: B 1575

47. Rabiosus, Anselmus [d. i. Andreas Georg Friedrich Rebmann]: »Wanderungen und Kreuzzüge durch einen Theil Deutschlands«, Altona (Verl.-Ges.) 1795, S. 136f.
Signatur: Geogr. Germ. 347

V. Schloß, Hofkirche, Theater

48. Schweiger, J[ohann] C[hristoph]: »Plan von der Churfürst. Saech. Residentz Dresden nebst der daselbst herum befindlichen Gegend«, [ca. 1:9000] [Dresden, nach 1770]
Kolorierte Handzeichnung,
184 cm x 160 cm
Signatur: A 14264 – A 14275

49. »Der Sammler für Geschichte und Alterthum, für Kunst und Natur im Elbthale«, Dresden 1 (1837) 7
Abb. nach S. 106
Signatur: Hist. Sax. G. 107

50. »Opera-Ballet von dem Judicio Paridis und der Helenae Raub ...«, Dresden (Bergen) 1679
Abb. vor dem Titelblatt
Signatur: MT 4° 66 Rara

51. Azelt, Johann: »Prospect des Churfürst. Saechs. in dem Residentz Schlosse Dresden sich befindlichen Riesen-Saals ...«, 1680
Kupferstich, 45,6 cm x 57,5 cm
Signatur: B 4261

52. »Geist= und Lehr=reiches Kirchen- und Hauß=Buch ...«, Dresden (Matthesius) 1694
Abb. vor Titelblatt
Signatur: Mus. 1-E-52

53. Mattheson, J.: »Das Beschützte Orchestre oder desselben Zweyte Eröffnung ...«, Hamburg (Schiller) 1717
Blatt 2v – 3r
Signatur: MB 8° 202a Rara

54. Lotti, Antonio: »Teofane: Dramma per musica ...«, Dresden 1719, S. 300f.
Partiturhandschrift aus kurfürstlich-königlichem Besitz
Signatur: Mus. 2159-F-7

55. Faßmann, David: »Der, auf ORDRE und Kosten Seines Kaysers, reisende CHINESER ... – Th. 1, 4. St.«, Leipzig (Cörner) 1721, S. 170f.
Signatur: Statist. 41

55a. Heinichen, Johann David: »Der GENERAL-BASS in der COMPOSITION ...«, Dresden 1728
Blatt 6v, S. 1
Signatur: MB 8° 377 Rara

56. Metastasio, Pietro: »Artaserse, dramma per musica ...«, Dresden 1746
Titelblatt
Signatur: MT 1936 Rara

57. »Allgemeine Musikalische Zeitung«, Leipzig 13 (1811)
Titelblatt
Signatur: MZ 4° 47

58. Hasse, Johann Adolf: »Oratorio ›Sant' Elena al Calvario‹«, 1746
Signatur: Mus. 2477-D-20

59. Loen, Johann Michael Freiherr von: »Gesammelte kleine Schriften. – Th. 1. – Moralische Schildereyen, 3. Abschn.«, Franckfurt, Leipzig (Hutter) 1750, S. 48f.
Signatur: 37. 8° 7431

60. »Siroe, dramma permusica da rapresentarsi nel Regio Teatro di Dresda«, Dresden (Stamparia Regia) 1763, Blatt 6v – 7r
Italienisches Textbuch mit deutscher Übersetzung
Signatur: MZ 4° 1146 Rara

61. »Der Sammler aller Merkwürdigkeiten ...«, Dresden 3 (1839) Nr. 36, 2. Beilage
Signatur: Hist. Sax. A. 190

62. »Pieces de theatre qui ont ete representées sur le Theatre Electoral á Dresde ...«, Rec. 1-6, Dresden (Gröll) 1765, 6 Bde.
Signatur: Hist. Sax. G. 940^{f}

63. »Musikalisches Taschenbuch auf das Jahr 1803 ...«, Penig (Dienemann & Comp.) 1803, S. 190f.
Signatur: MB 8° 6338 Rara

64. Schubart, Christian Friedrich Daniel: »Ideen zu einer Ästhetik der Tonkunst«, Wien (Degen) 1806, S. 96f.
Signatur: MB 8° 5315 Rara
65. Rousseau, Jean Jacques: »Dictionnaire de Musique«, Paris (Duchesne) 1768, S. 358f., Planche g
Signatur: MB 8° 2971
66. Weise, Wilhelm G.: »Ansicht eines Theils der Stadt Dresden von der Seite des Wilsdruffer Thores«, 1777
Kupferstich, 17,5 cm x 23,5 cm
Signatur: B 1960
67. Weise, W.G.: »Ansicht eines Theils der Stadt Dresden von der Seite des Zwingers«, 1777
Kupferstich, 17,5 cm x 23 cm
Signatur: B 2019
68. »Grund-Riß des Opern-Hauses in Dresden«, 18. Jahrhundert
Farbige Zeichnung, 51 cm x 36 cm
Signatur: B 1919
69. Bellotto, Bernardo, gen. Canaletto: »Perspective de la facade de l'Eglise Catolique Electoral de Dresde ...«, 1774
Kupferstich, 36,5 cm x 51,5 cm
Signatur: B 1845
70. Quantz, Johann Joachim: »Versuch einer Anweisung die Flöte traversiere zu spielen ...«, 2. Aufl., Breslau (Korn) 1780
Titelblatt
Signatur: 1 MB 8° 4576
71. Hiller, Johann Adam: »Lebensbeschreibungen berühmter Musikgelehrter und Tonkünstler neuerer Zeit. – Th. 1.«, Leipzig (Dyk) 1784, S. 214f.
Signatur: MB 8° 3414 Rara

VI. Zwinger

72. Pöppelmann, Matthäus Daniel: Entwurf zum Hauptportal des Zwingers, Dresden, 1. Drittel 18. Jahrhundert
Kolorierte Federzeichnung, 63 cm x 48,5 cm
Signatur: Mscr. Dresd. L. 4
73. Pöppelmann, Matthäus Daniel: Entwurf zu einem Pavillon des Zwingers, 1. Drittel 18. Jahrhundert
Kolorierte Federzeichnung, 43,5 cm x 60 cm
Signatur: Mscr. Dresd. L. 4
74. Pöppelmann, M.D. (Zeichner), und Johann Georg Schmidt (Stecher): »Facade du portail, du coté du Fossé, a l'orangerie royale«, um 1721
Kupferstich, 46,8 cm x 29,2 cm
Signatur: B 1989
75. Castelli, Christian Gottlob: Blick auf den Zwinger und die Bebauung am Wilsdruffer Tor, um 1770
Kolorierte Tuschezeichnung, 29,4 cm x 39,1 cm
Signatur: B 2017
76. »Curieuse Reise=Beschreibung des Herrn Androphili ...«, Leipzig, Hamburg, Breslau, 1735, S. 510f.
Signatur: Geogr. Germ. 316
77. Pöllnitz, Baron de: »Lettres et memoires ...«, 3. Ed., Teil 1, Amsterdam (Changuion) 1737, S. 124f.
Signatur: Geogr. C. 1949
78. Keyßler, Johann Georg: »Fortsetzung Neuester Reisen ...«, Hannover (Förster) 1741, S. 1064f.
Signatur: Geogr. C. 342
79. Loen, Johann Michael Freiherr von: »Gesammlete kleine Schrifften«, Teil 3, Frankfurt, Leipzig (Hutter) 1751, S. 24f.
Signatur: 37. 8° 7431

VII. Brühlsche Terrasse

80. Weck, Anton: »Der Chur-Fürstlichen Sächsischen ... Haupt=Vestung Dresden Beschreib: und Vorstellung ...«, Nürnberg (Hoffmann) 1680
Abb. nach S. 62
Signatur: Hist. Sax. G. 24
81. Dilich, Wilhelm (Zeichner), und Matthäus Merian (Stecher): »Prospect der Brücken zu Dresden«, 1650
Kupferstich, 14,7 cm x 50,2 cm
Signatur: B 1440
82. Limberg, Johann: »Denckwürdige Reisebeschreibung Durch Deutschland ...«, Leipzig (Wohlfart) 1690, S. 1034f.
Signatur: Geogr. C. 1675
83. Encke, C.A. (Zeichner), und Michael Keyl

(Stecher): »Facade du côté du Jardin«, 1761
Kupferstich, 28,5 cm x 41,5 cm
Signatur: B 1612

84. Encke, C.A. (Zeichner), und Michael Keyl (Stecher): »Profil du Belvedere pris sur la longueur«, 1761
Kupferstich, 28,5 cm x 41 cm
Signatur: B 1613

85. Encke, C.A. (Zeichner), und Michael Keyl (Stecher): »Plan generale du Jardin ...«, 1761
Kupferstich, 26 cm x 64 cm
Signatur: B 1610

VIII. Die Neustadt

86. Gediccus, Simon: »Vocatio Misnensis Oder Zwo Christliche Predigten ...«, Hall in Sachsen (Krusicke) 1615
Blatt 53v – 54r
Signatur: H. Sax. G. 86

87. Tzschimmer, Gabriel: »Die Durchlauchtigste Zusammenkunfft ...«, Nürnberg (Hoffmanns) 1680, S. 184f.
Signatur: Hist. Sax. C. 150

88. Albinus, Petrus: »Dresda« (Chronik von Dresden bis 1570), 16. Jahrhundert
Eigenhändiges Manuskript, Blatt 2v – 3r
Signatur: Msc. Dresd. Q 133

89. Langwagen, Christian Gottlieb: »Ansicht des Markts zu Neustadt bey Dresden«, 1777
Farbige Zeichnung, 15 cm x 22,7 cm
Signatur: B 1579

90. Nestler, C.G.: »Ansicht eines Theils von Neustadt bey Dresden gegen Mittag«, um 1779
Kupferstich, 15,6 cm x 23,1 cm
Signatur: B 1727

91. Schlitterlau: »Prospect der Neustadt bey Dresden, an der Elbe gelegenen Haessen ...«, vor 1782, »Prospect der Neustadt bei Dresden, von der Klostergasse, Brükke ...«, vor 1782
2 Kupferstiche auf einem Blatt, 13,5 cm x 24,5 cm und 14 cm x 25,5 cm
Signatur: B 1499

92. Goebel: »Ansicht des Japanischen Palais«, 1795
Aquarell: 34,8 cm x 62,1 cm
Signatur: B 1731

IX. Die Vororte

93. Schürer, David Ottho: »Beschreibung der Churfürstlichen Sächsischen ... Residents Stadt Dreßden ...«, 1627,
Blatt 39v – 40r
Manuskript
Signatur: Msc. Dresd. d. 68

94. Merian, Matthäus: »Topographia Franconiae« Frankfurt (Merian) 1648
3. Abb. nach S. 42
Signatur: Hist. Franc. 4^{h}

95. Bellotto, Bernardo, gen. Canaletto: »Vue des fauxbourgs de la ville de Dresde ...«, 1766
Kupferstich, 46,2 cm x 62,4 cm
Signatur: B 1500

96. Schlitterlau: »Prospect der Hauptstrasse zu Friedrichstadt bey Dresden ...«, 1760
Kupferstich, 12,5 cm x 24,6 cm
Signatur: B 1555

97. Weinart, Benjamin Gottfried: »Topographische Geschichte der Stadt Dresden ...«, Dresden (Hilscher) 1777, S. 210f.
Signatur: Hist. Sax. G. 88

98. Schlitterlau: »Prospect zu Dresden vor dem Wilsdruffer Thore ...«, vor 1782
Kupferstich, 13,1 cm x 24,8 cm
Signatur: B 1504

99. Schlitterlau: »Prospect von Dresden von Hallers vor dem schwartzen Thore anzusehen«, vor 1782
Kupferstich, 12,7 cm x 24,6 cm
Signatur: B 1471

100. Exner, Christian Friedrich (Zeichner), und Laur. Zucchi (Stecher): »Feuer=Werck bei Gelegenheit der doppelten Vermählungen ... bey Pillnitz«, 1747
Kupferstich, 85,5 cm x 124 cm
Signatur: Hist. Sax. C. 329v, 12

X. Großer Garten

101. »Ballet von Zusammenkunft und Wirckung derer VII. Planeten ...«, Dresden (Bergen) 1678
Abb. vor Blatt 7
Signatur: Hist. Sax. C. 144

102. Rollwagen (Zeichner), und Nabholz (Stecher): »Prospect des Churfürstlichen Pallais im Großen Garten zu Dresden«, um 1780
Kupferstich, 29,5 cm x 37,9 cm
Signatur: B 1525
103. »Lustreisen durch Bayern, Würtemberg ... in den Jahren 1784 bis 1791«, Teil 1, Leipzig (Schneider) 1792, S. 228f.
Signatur: Geogr. Germ. 362
104. »Palais Royal au Grand Jardin«, 1. Hälfte 18. Jahrhundert
Kolorierte Zeichnung,
47 cm x 65,5 cm
Signatur: B 1507

VON DER RESIDENZ ZUR GROSSSTADT

I. Totalansichten
105. Hessler, Oscar: »Plan de Dresde. Plan der Königl. Haupt- und Residentzstadt Dresden«, [ca. 1:9000] [Dresden, um 1862]
Steindruck, 50 cm x 56 cm
Signatur: 2932
106. Hammer, C.G.: »Vue de Dresde du coté occidental, pris prés le village de Pieschen«, um 1820
Lithographie, 54 cm x 71,5 cm
Signatur: B 5694
107. Geissler, Robert: »Dresden vom Waldschlösschen aus«, um 1850
Lithographie, 17,4 cm x 51,8 cm
Signatur: B 1484
108. Verlag F. u. O. Brockmann: Dresden-Neustadt. Blick von der Dreikönigskirche über die Augustusbrücke gegen die Altstadt, um 1880
Fotografie, 20,5 cm x 26,4 cm
Signatur: SLB/DF 1991. C. 1
109. Eltzner (Zeichner), und H. Walter (Lithograph): »Uebersichtsbild der Stadt Dresden im Jahre 1852«, 1898
Lithographie, 33 cm x 55 cm
Signatur: 25000

II. Die Brücke
110. »Die Elbbrücke zu Dresden nach der am 19. März 1813 erfolgten Sprengung ...«, 1813
Kupferstich, 11,8 cm x 18,7 cm
Signatur: B 1640
111. »Grosse Ueberschwemmung in Dresden 1845 ...«, um 1845
Lithographie, 23 cm x 29,5 cm
Signatur: 2380
112. Stiehm, J.F.: Blick vom Hotel »Stadt Wien« über die Augustusbrücke nach Südwesten gegen die Altstadt, vor 1880
Fotografie (Stereoaufnahme),
7,9 cm x 14,8 cm
Signatur: SLB/DF 1989. A. 84
113. Dazugehörendes Betrachtungsgerät, aus dem Bestand der Abteilung Deutsche Fotothek

III. Altmarkt und Kreuzkirche
114. Hasselblad: Altmarkt mit Siegesdenkmal. Ansicht von Südwesten, um 1900
Fotografie (Duplikat nach Original-Negativ), 17,9 cm x 18,9 cm
Signatur: SLB/DF 253087
115. Altmarkt. Ansicht von Süden, um 1900
Fotografie, 12,9 cm x 18 cm
Signatur: SLB/DF 23300

IV. Neumarkt und Frauenkirche
116. Stiehm, J.F.: Neumarkt. Ostseite mit »Hotel de Saxe« und »Stadt Rom«, um 1900
Fotografie (Stereoaufnahme),
7,9 cm x 14,8 cm
Signatur: SLB/DF 1989. A. 74
117. Hasselblad: Johanneum. Ansicht vom Neumarkt, um 1900
Fotografie (Duplikat nach Original-Negativ), 18,1 cm x 23,7 cm
Signatur: SLB/DF 253088

V. Schloß, Hofkirche, Theater
118. Donadini, Ermenegildo Antonio: Stallhof mit Kanzleihaus, Georgenbau und Langem Gang nach Nordwesten gegen den Schloßturm, vor 1889
Fotografie, 18 cm x 12,8 cm
Signatur: SLB/DF 400244
119. Das sächsische Königshaus im Jahre 1898
Fotografie, 11,3 cm x 17 cm
Signatur: SLB/DF 1988. A. 1
120. Donadini, Ermenegildo Antonio: Orchi-

deengebinde für die Königin Carola anläßlich ihrer Silberhochzeit 1886
Fotografie, 23,5 cm x 17,1 cm
Signatur: SLB/DF 46035

121. Hasselblad: Schloß und Wettinobelisk. Ansicht von Westen, um 1900
Fotografie (Duplikat nach Original-Negativ), 18 cm x 20,5 cm
Signatur: SLB/DF 253089

122. Donadini, Ermenegildo Antonio: Residenzschloß, Georgenbau, Arbeitszimmer nach dem Umbau, um 1901
Fotografie, 12,7 cm x 17,8 cm
Signatur: SLB/DF 45618

123. »Der Saal im großen Opernhause zu Dresden ... den 24. Mai 1812«, 1812
Lithographie, 23 cm x 36,5 cm
Signatur: B 3546

124. »Gespensterbuch« (hrsg. von A. Apel und F. Laun), 1. Bdchn. Leipzig (Göschen) 1810
Titelbild und Titelblatt
Signatur: 32. 8° 3931

124a. Kind, Friedrich: »Das Hurrah jauchzet, die Büchse knallt. (Gedicht) dem Herrn Capellmeister C.M. v. Weber. 18. 6. 1821«
Autograph des »Freischütz«-Librettisten
Signatur: Msc. Dresd. t. 1843

125. »Abend-Zeitung«, Dresden (1817) vom 21.7., Blatt 2v, und 22.7., Blatt 1r
Signatur: Eph. lit. 200

126. Weber, Carl Maria von: »Jubel-Ouvertüre zur Feyer des 50jährigen Regierungs Antritts ... des Königs von Sachsen am 20. September 1818«
Titelblatt. Autographe Partitur
Signatur: Mus. 4689-N-4

127. Becker, G.W.: »Friedrich August der Gerechte, König von Sachsen: Sein Leben u. Wirken ...«, Leipzig (Klein) 1818
Titelbild und Titelblatt
Signatur: H. Sax. C. 1731

128. Bässler, W.: »Das Hoftheater in Dresden. Nach 1841«
Lithographie, 17,8 cm x 23,8 cm
Signatur: B 1929

129. Krone, Hermann: Dresden. Hoftheater I. Ansicht vom Theaterplatz, vor 1869
Fotografie, 9,6 cm x 14,1 cm
Signatur: SLB/DF 1988. A. 2

130. Verlag F. u. O. Brockmann: Blick von der Augustus-Brücke gegen das Altstädter Ufer mit Italienischem Dörfchen, Sempergalerie und Opernhaus, um 1885
Fotografie, 20,3 cm x 26,4 cm
Signatur: SLB/DF 1991. C. 6

131. Schumann, Clara: »Präludium mit Widmung ›Meinem lieben Mann zum 8ten Mai 1845‹«, Blatt 3v – 4r
Autograph
Signatur: Mus. Schu. 267

132. Schumann, Robert: Zweite Hälfte des Liedes »Des Senners Abschied«, op. 79/Nr. 23, 1849
Autograph
Signatur: Mus. 5636-B-500

133. »Zweihundert Bildnisse und Lebensabrisse berühmter deutscher Männer«, 3., verb. Aufl., Leipzig (Wigand) 1870, S. 198f.
Signatur: Hist. Germ. biogr. 480^{a}

134. Wagner, Richard: »Rienzi«, Original-Flötenstimme mit handschriftlichen Eintragungen von Moritz Fürstenau, 1843, S. 129f.
Dresdener Kopistenschrift
Signatur: Mus. 5876-F-508

135. »Illustrirte Zeitung«, Leipzig (1843), vom 12.8., S. 108f.
Signatur: Eph. lit. 27

136. Wagner, Richard: Lied des Hirten aus »Tannhäuser«, um 1843
Eigenhändiger Klavierauszug
Signatur: Mus. 5876-F 39 (Aut. 161)

137. Gluck, Christoph Wilibald: »Iphigenia in Aulia«, Oper in 3 Akten, 1847, S. 118f.
Zeitgenössische Partiturhandschrift mit handschriftlichen Notizen R. Wagners für die Wiederaufführung in Dresden
Signatur: Mus. 3030-F-505

138. Wagner, Richard: »Gesammelte Schriften und Dichtungen«, Bd. 2., Leipzig (Fritzsch) 1871, S. 304f.
Signatur: MB 8° 2549

139. »Tage=Buch des Königl. Sächs. Hof=Theaters«, Dresden 32 (1848) S. 54f.
Signatur: Hist. Sax. G. 942

140. »Orchester=Personale bei den italienischen und deutschen Opern«, 1840–1848, S. 90f.
2 handschriftlich geführte Besetzungslisten des Orchesters
Signatur: Msc. Dresd. App. 1791

141. »Großes Concert unter der Direction des Herrn Berlioz aus Paris«, Dresden 1854
Titelblatt des Programmhefts
Signatur: MT 2955 Rara

142. Berlioz, Hector: »Mémoires«, 2. Ed., Bd. 2., Paris (Lévy) 1881, S. 62f.
Signatur: MB 8° 2822

143. Berlioz, Hector: »Lebenserinnerungen«, München (Beck) 1914, S. 308f.
Signatur: MB 8° 6914

144. »Statuten des Tonkünstler=Vereines zu Dresden«, Dresden (Liepsch & Reichardt) 1854
Titelblatt
Signatur: Hist. Sax. G. 316, 74

145. Zeitungsinserat mit der Ankündigung eines Hofkapellkonzertes unter Grützmacher von 1874
Zeitungsausschnitt

146. Fürstenau, Moritz: »Zur Geschichte der Musik und des Theaters am Hofe zu Dresden«, Teil 1, Dresden (Kuntze) 1861
Titelblatt
Signatur: MB 8° 3606

147. »Gesetze der Harmonie«, Dresden 1820
Titelblatt
Signatur: Hist. Sax. G. 368, 26

148. Taggesell, Carl: »Chronik der privilegirten Scheiben-Schützen-Gesellschaft zu Dresden«, Dresden (Blochmann) 1855, S. 96f.
Signatur: H. Sax. G. 973[b]

VI. Zwinger

149. Meltzer C. (Zeichner), und J. Williard (Lithograph): »Denkmal Friedrich August I. ... bei seiner feierlichen Enthüllung im Zwinger-Garten zu Dresden, am 7. Juni 1843«, um 1843
Lithographie, 52 cm x 36 cm
Signatur: B 1670

150. Stiehm, J.F.: Zwingerhof nach Westen gegen Kronentor mit Langgalerie und Mathematisch-Physikalischem Salon, vor 1880
Fotografie (Stereoaufnahme), 7,9 cm x 14,8 cm
Signatur: SLB/DF 1989. A. 78

151. »Außen Ansicht des Zwingers«, um 1850
Kolorierte Lithographie,
18,5 cm x 22,5 cm
Signatur: B 5697

VII. Brühlsche Terrasse

152. Kleist, Heinrich von: »Dresdner Briefe ...«, Hellerau bei Dresden (Hegner) 1925
Blatt 3v – 4r
Signatur: Epist. 381[m]

153. Meser, C.F.: »Vue de Dresde prise du Jardin de Brühl«, um 1825
Kolorierter Stich, 38,5 cm x 25 cm
Signatur: B 5695

154. Verlag F. u. O. Brockmann: Treppe zur Brühlschen Terrasse mit Finanzhaus und Brühlschem Palais, um 1880
Fotografie, 20,4 cm x 26,1 cm
Signatur: SLB/DF 1991. C. 5

155. Verlag F. u. O. Brockmann: Terrassenufer. Blick von der Schiffsanlegestelle gegen Brühlsche Terrasse, Hofkirche und Opernhaus, um 1880
Fotografie, 20,4 cm x 26,5 cm
Signatur: SLB/DF 1991. C. 4

156. Wagner, O. (Zeichner), und Joh. Poppel (Stecher): »Die Brühlsche Terrasse«, um 1850
Stahlstich, 21 cm x 27 cm
Signatur: B 5696

VIII. Die Neustadt

157. Thormeyer, Gottlob Friedrich (Zeichner), und Christian Gottlob Hammer (Stecher): »Vue du palais Japon prise de l'interieur de la Porte blanche«, 1807/08
Kupferstich, 22 cm x 15 cm
Signatur: B 5693

158. Ansicht des Japanischen Palais mit Garten, um 1850
Farbige Lithographie, 11 cm x 17 cm
Signatur: B 1741

159. Verlag F. u. O. Brockmann: Blick von der Dreikönigskirche über den Albertplatz gegen die Albertstadt, um 1880

Fotografie, 18,7 cm x 25,9 cm
Signatur: SLB/DF 1991. C. 2

160. Albertplatz. Brunnen »Die stürmischen Wogen«, um 1900
Fotografie (Stereoaufnahme), 7,7 cm x 15,7 cm
Signatur: SLB/DF 1989. A. 84

161. Verlag F. u. O. Brockmann: Blick vom Italienischen Dörfchen über die Elbe mit Schwimmbädern und Augustus-Brücke gegen die Neustadt, um 1895
Fotografie, 18,7 cm x 26,5 cm
Signatur: SLB/DF 1991. C. 3

162. Donadini, Ermenegildo Antonio: Neustädter Markt mit Reiterdenkmal Augusts des Starken. Südseite mit Blockhaus, um 1894
Fotografie, 13 cm x 18 cm
Signatur: SLB/DF 44705

163. Donadini, Ermenegildo Antonio: Neustädter Markt mit Straßenkehrern. Blick in die Hauptstraße nach Nordosten, um 1900
Fotografie, 18,2 cm x 23,9 cm
Signatur: SLB/DF 44707

164. Donadini, Ermenegildo Antonio: Japanisches Palais. Blick über den Garten mit posierenden Kindern gegen die Gartenseite des Elbflügels, um 1900
Fotografie, 12,9 cm x 18,1 cm
Signatur: SLB/DF 400247

IX. Die Vororte

165. »Dresd'ner Vogelwiesen-Buch«, Dresden (Klemm) um 1870, S. 18f.
Signatur: Hist. Sax. G. 362, 33

166. Donadini, Ermenegildo Antonio: Dresden-Strehlen. Königliche Villa, Gartensalon, um 1890
Fotografie, 17,8 cm x 23,9 cm
Signatur: SLB/DF 46033

167. Kotzsch, August: Blasewitz. Schillerplatz, um 1880
Fotografie, 16,4 cm x 20,2 cm
Signatur: SLB/DF 95600

168. Kotzsch, August: Blick über den Loschwitzgrund mit Silberschmelze gegen den Burgberg mit Villa Orlando, um 1860
Fotografie, 15,9 cm x 19,5 cm
Signatur: SLB/DF 95601

169. Kotzsch, August: Loschwitz vom Blasewitzer Ufer aus gesehen mit Schiffen und Fähre, 1865
Fotografie, 17,8 cm x 20,9 cm
Signatur: SLB/DF 95617

170. Kotzsch, August: Loschwitz. Kotzschhaus. Kotzschweg 12. Gartenseite (Arbeitsstätte Ludwig Richters 1852 und 1857), um 1860
Fotografie, 17,1 cm x 20,6 cm
Signatur: SLB/DF 95622

171. Kotzsch, August: Loschwitz. Dorfplatz mit oberem und unterem Gasthaus zum Burgberg, um 1880
Fotografie, 17,6 cm x 20,8 cm
Signatur: SLB/DF 95621

172. Kotzsch, August: Loschwitz. Krügers Weinberg, um 1865
Fotografie, 16,7 cm x 20,8 cm
Signatur: SLB/DF 95602

173. Kotzsch, August: Loschwitz. Blick zur Calberla-Straße gegen die Kirche und die Albrecht-Schlösser, um 1880
Fotografie (Duplikat nach Original-Negativ), 17,7 cm x 23,5 cm
Signatur: SLB/DF 187328

174. Kotzsch, August: Loschwitz. »Rote Amsel« (Leonhardi-Museum) mit Ludwig-Richter-Denkmal, 1884
Fotografie, 16,2 cm x 20,8 cm
Signatur: SLB/DF 95624

175. Verlag Hermann Krone: Pillnitz. Blick über die Elbe gegen das Schloß, um 1880
Fotografie, 10,8 cm x 16,8 cm
Signatur: SLB/DF 1988. A. 5

176. Donadini, Ermenegildo Antonio: Pillnitz. Prunkgondel an der Treppe zum Wasserpalais des Schlosses, um 1900
Fotografie, 18 cm x 23,6 cm
Signatur: SLB/DF 41710

177. Donadini, Ermenegildo Antonio: Pillnitz. Zwei livrierte Bedienstete vor der Prunkgondel auf der Treppe zum Wasserpalais, um 1900
Fotografie, 23,9 cm x 18,1 cm
Signatur: SLB/DF 41711

X. Großer Garten

178. »Eingang in den Großen Garten bey Dresden«, um 1800
Ausgetuschter Kupferstich,

11,8 cm x 17 cm
Signatur: B 1517

179. Hartmann, Franz (Zeichner), und C.C. Meinhold (Zinkographie): »Ausstellung des Sächs. Handwerks u. Kunstgewerbes zu Dresden vom 20. Juni bis 27. September 1896«, Dresden, 1876
Zinkographie, 22,2 cm x 44,3 cm
Signatur: B 1598

DIE STADT IM 20. JAHRHUNDERT

I. Totalansichten

180. »Pharus-Plan Dresden«, (Urheber: Cornelius Loewe) 1:11700, Berlin um 1905
Mehrfarbendruck, 77 cm x 89 cm
Signatur: 8260

181. »Vereins-Adreßbuch für Dresden nebst Auszug aus dem Bürgerlichen Gesetzbuch ...«, Dresden 1906 und 1913/14
Signatur: Hist. Sax. 909

182. Remark, Erich: »Die Traumbude«, Dresden (Verl. d. Schönheit) 1920
Umschlag
Signatur: 4 A 2759

183. »Menschen«, Dresden 4(1921)1
Inhaltsverzeichnis und S. 1
Signatur: S. B. 4115

184. Kalenter, Ossip: »Das goldene Dresden«, Hannover, Leipzig (Steegemann) 1922
Umschlag
Signatur: Hist. Sax. G. 557[gw]

185. »Die Dresdener Montagsgesellschaft und ihre Monumentskonkurrenz«, Dresden (Teubner) 1929
Titelblatt
Signatur: 32. 4° 317[a]

186. Hahn, Walter: Nordwestlicher Teil der Altstadt und Zwinger von Südwesten, 1933
Fotografie, 18 cm x 24 cm
Signatur: SLB/DF 310736

187. Hahn, Walter: Innere Neustadt, Elbbogen und Altstadt gegen Osten, 1932
Fotografie, 13 cm x 18 cm
Signatur: SLB/DF 310258

188. Hahn, Walter: Elbtalweitung. Blick vom Luisenhof zum Stadtzentrum, 1936
Fotografie, 40 cm x 50 cm
Signatur: SLB/DF 310882

189. Möbius, Walter: Aussichtspavillon und Schmuckplastiken am Waldschlößchen mit Blick auf die Stadt, 1939
Fotografie, 13 cm x 18 cm
Signatur: SLB/DF 60341

190. Erler, Georg, und Arthur Kolbe: »A.L.C.: d. Freunden gewidmet«, Dresden 1941
Blatt 9v – 10r
Signatur: 40. 4° 564

191. Raschke, Martin: »Der Zauber Dresdens«, Hamburg (von Schröder) 1961, S. 10f.
Signatur: 36. 8° 6826

192. Hauptmann, Gerhart: »Dresden. Agneten Dorf am 29. 3. 1945«
Typoskript mit eigenhändiger Unterschrift über die Zerstörung der Stadt 1945
Signatur: Msc. Dresd. Aut. 102

II. Die Brücke

193. Alte Augustus-Brücke. Blick von der Brühlschen Terrasse nach Nordwesten, um 1905
Fotografie, 13 cm x 18 cm
Signatur: SLB/DF 257342

194. Donadini, Ermenegildo Antonio: Einweihung der Friedrich-August-Brücke. Honoratioren vor dem Kgl. Pavillon, 1910
Fotografie, 13 cm x 18 cm
Signatur: SLB/DF 42456

195. Herold, R.: Schmuckplastik »Die Elbe« (1937) am Ufer vor dem Narrenhäusl mit Blick über die Elbe zur Brühlschen Terrasse, um 1937
Fotografie, 13 cm x 18 cm
Signatur: SLB/DF 28110

196. Hahn, Walter: Altstädter Elbufer von der Marienbrücke, 1935
Fotografie, 13 cm x 18 cm
Signatur: SLB/DF 310817

197. Möbius, Walter: Feuerwerk am Neustädter Elbufer, um 1937
Fotografie, 13 cm x 18 cm
Signatur: SLB/DF 57606

III. Altmarkt und Kreuzkirche

198. Gleisberg: Altmarkt. Blick nach Norden gegen die Schloßstraße, um 1927
Fotografie, 9 cm x 12 cm
Signatur: SLB/DF 40352

199. Hahn, Walter: Altmarkt mit Kreuzkirche und Rathausturm, 1929
Fotografie, 13 cm x 18 cm
Signatur: SLB/DF 304537

200. Hofert: Altmarkt nach Südosten mit Kreuzkirche und Rathausturm, 1965
Fotografie, 13 cm x 18 cm
Signatur: SLB/DF 163395

201. Hofert: Altmarkt-Westseite, 1965
Fotografie, 13 cm x 18 cm
Signatur: SLB/DF 163394

IV. Frauenkirche und Neumarkt

202. Möbius, Walter: Frauenkirche. Blick aus der Kuppel zum Altar, 1930
Fotografie, 13 cm x 18 cm
Signatur: SLB/DF 1094

203. Peter sen., Richard: Münzgasse. Blick gegen die Frauenkirche von der Brühlschen Terrasse – Nachtaufnahme, um 1930
Fotografie, 9 cm x 12 cm
Signatur: SLB/DF Ps 225

204. Möbius, Walter: Frauenkirche – Altar, Orgel, Kanzel, 1933
Fotografie, 13 cm x 18 cm
Signatur: SLB/DF 50859

205. Seifert, Else: Brühlsche Terrasse. Blick gegen Cosel-Palais, Turm der Frauenkirche und Südostseite des Ausstellungsgebäudes des Sächsischen Kunstvereins, vor 1945
Fotografie, 13 cm x 18 cm
Signatur: SLB/DF 46752

206. Peter sen., Richard: Zerstörtes Lutherdenkmal vor der Ruine der Frauenkirche, um 1945
Fotografie, 9 cm x 12 cm
Signatur: SLB/DF Ps 385/1

207. Peter sen., Richard: Blick zur Ruine der Frauenkirche von Nordwesten, um 1965
Fotografie, 9 cm x 12 cm
Signatur: SLB/DF Ps 348

V. Schloß, Hofkirche, Theater

208. Schloßplatz. Einweihung des Reiterdenkmals König Alberts am 24. 4. 1906
Fotografie, Reproduktion nach Positiv, 13 cm x 18 cm
Signatur: SLB/DF 195291

209. Reiterdenkmal König Alberts von Max Baumbach; abgestellt im Hof des Marstallgebäudes (eingeschmolzen Ende 1951), um 1951
Fotografie, 13 cm x 18 cm
Signatur: SLB/DF 108149

210. Wolff, P.: Residenzschloß. Eckparadesaal, um 1920
Fotografie, 13 cm x 18 cm
Signatur: SLB/DF 45637

211. Wolff, P.: Residenzschloß. Grünes Gewölbe, Pretiosensaal, 1933
Fotografie, 13 cm x 18 cm
Signatur: SLB/DF 50636

212. Peter sen., Richard: Enttrümmerung der Innenstadt. Theaterplatz mit Trümmerschutthalde gegen Ruinen von Hofkirche und Schloß, um 1945
Fotografie, 9 cm x 12 cm
Signatur: SLB/DF Ps 339

213. »Tage=Buch der Königlich Sächsischen Hoftheater«, 89 (1905), S. 58f.
Signatur: Hist. Sax. G. 942

214. Schuch, Friedrich von: »Richard Strauss, Ernst von Schuch und Dresdens Oper«, Dresden (Verlag der Kunst) 1952, S. 86 und Blatt 3r
Signatur: MB 8° 938

215. Gruppenfoto anläßlich der Uraufführung der Oper »Der Rosenkavalier« mit dem Intendanten des Hoftheaters, dem Textdichter, Dirigenten und dem Komponisten, 1911
Fotografie, Reproduktion nach dem Original, 13 cm x 18 cm
Signatur: SLB/DF 158925

216. Erfurth, Hugo: Margarethe Siems als Marschallin im »Rosenkavalier«, 1911
Fotografie, Reproduktion nach dem Original, 13 cm x 18 cm
Signatur: SLB/DF 198566

217. Leonhard Fanto: Hugo von Hofmannsthal und Richard Strauss vor dem Hotel »Bellevue«, um 1911
Fotografie, Reproduktion nach dem Original, 13 cm x 18 cm
Signatur: SLB/DF 159702

218. Donadini, Ermenegildo Antonio: Hotel »Bellevue«, Theaterplatz 1. Terrasse, 1914

Fotografie, 12,8 cm x 18 cm
Signatur: SLB/DF 44640

219. Königliches Opernhaus. 23. Vorstellung. Montag, den 25. Januar 1909. Richard=Strauß=Woche. 1. Abend. Uraufführung: Elektra ... (Programmzettel)
Signatur: Dramat. 5 (1909)

220. Königliches Opernhaus. Donnerstag, den 26. Januar 1911. Anfang 6 Uhr. Zum ersten Mal: Der Rosenkavalier ... (Programmzettel)
Signatur: Dramat. 5 (1911)

221. Herzfeld: Ernst Edler von Schuch, 1912
Fotografie, Reproduktion nach dem Original, 13 cm x 18 cm
Signatur: SLB/DF 159020

222. Opernhaus. Freitag, den 10. Dezember 1920 ... 3. Sinfonie-Konzert Reihe A der musikalischen Kapelle der Staatsoper ... (Programmheft des ersten Konzerts unter der Leitung von Fritz Busch)
Signatur: Hist. Sax. G. 938g

223. Möbius, Walter: Blick von der Attika der Katholischen Hofkirche auf das Opernhaus, 1929
Fotografie, 13 cm x 18 cm
Signatur: SLB/DF 6921

224. Peter sen., Richard: Blick vom Narrenhäusl nach Süden über die Augustusbrücke gegen die Altstadt, um 1930
Fotografie, 9 cm x 12 cm
Signatur: SLB/DF Ps 226

225. Staatskapelle Dresden: Konzertplan 1989/90, Dresden (Union-Druckerei) 1989
Blatt 1v – 2r
Signatur: MZ 4° 123

226. Heinrich, Gertrud: Opernhaus. Blick von der Bühne in den Zuschauerraum, 1941
Fotografie, 13 cm x 18 cm
Signatur: SLB/DF 62690

227. Barth, Peter: »Conrad Felixmüller«, Düsseldorf (Remmert u. Barth) 1987, S. 116f.
Signatur: 61. 8° 5959

228. Schnoor, Hans: »Dresden: 400 Jahre deutsche Musikkultur«, Dresden (Landesdruckerei Sachsen) 1948
Vorsatzblätter mit Autogrammen von Mitgliedern der Staatskapelle
Signatur: MB 4° 386c

229. Oper in Dresden: Festschrift zur Wiedereröffnung der Semperoper, Berlin (Henschelverlag) 1985, S. 106f.
Signatur: 1 MB 8° 7405

230. Döring, Erwin: Aufführung der 9. Sinfonie von Beethoven zu Palmsonntag 1985 in der Semperoper. Blick auf die Bühne
Fotografie, 17,5 cm x 18 cm
Eigentum des Fotografen

VI. Der Zwinger

231. Seifert, Else: Zwinger-Restaurierung 1924–36. Zwingerhütte im Hof mit Sophienkirche im Hintergrund, um 1930
Fotografie, 13 cm x 18 cm
Signatur: SLB/DF 253535

232. Hantzsch: Zwinger-Restaurierung 1924–36. Gruppenaufnahme von Mitarbeitern der Zwingerbauhütte, 1932
Fotografie, 13 cm x 18 cm
Signatur: SLB/DF 252860

233. Loos: Sempergalerie Alte Meister. Saal D, vor 1945
Fotografie, 30 cm x 40 cm
Signatur: SLB/DF 266216

234. Schmidt, E.: Gemüseanbau im Zwingerhof, 1946/47
Fotografie, 9 cm x 12 cm
Signatur: SLB/DF 39845

235. Hassebrauk, Ernst: »Skizzenbuch Dresden«, um 1965, Blatt 21v – 22r
Skizze mit farbigen Fettstiften und schwarzem Filzstift, 25 cm x 65 cm
Signatur: Msc. Dresd. App. 2534, 390

VII. Brühlsche Terrasse

236. Ausstellung »Sächsische Kunst unserer Zeit«, 1928. II. Jubiläumsausstellung des Sächsischen Kunstvereins, Brühlsche Terrasse
Fotografie, 18 cm x 24 cm
Signatur: SLB/DF 99430

237. »Die Dresdner Künstlerszene 1913–1933«, Düsseldorf (Remmert u. Barth) 1987, S. 104f.
Signatur: 61. 8° 5959, T. 2

238. Möbius, Walter: Blick über das Terrassenufer und die Carolabrücke zur Brühlschen Terrasse, 1934

Fotografie, 13 cm x 18 cm
Signatur: SLB/DF 53346

239. Möbius, Walter: Brühlsche Terrasse mit Landtagsgebäude vom Turm der Katholischen Hofkirche aus, 1935
Fotografie, 13 cm x 18 cm
Signatur: SLB/DF 53385

240. Möbius, Walter: Kunstakademie. Brühlscher Saal (um 1740) aus dem Brühlschen Palais, 1935
Fotografie, 13 cm x 18 cm
Signatur: SLB/DF 53379

241. Hahn, Walter: Blick vom Neustädter Ufer oberhalb der Carolabrücke gegen die Altstadt, 1936
Fotografie, 13 cm x 18 cm
Signatur: SLB/DF 310838

242. Peter sen., Richard: Dresden nach der Bombardierung am 13./14. 2. 1945, Brühlsche Terrasse, 1945
Fotografie, 9 cm x 12 cm
Signatur: SLB/DF Ps 1

243. Brief von Josef Hegenbarth an Karl Kröner, um 1950, S. 2
Autograph
Signatur: Msc. Dresd. App. 2490, 232

244. Brief von Otto Dix an Karl Kröner vom 12. 6. 1958
Autograph
Signatur: Msc. Dresd. App. 2490, 189

245. »Nachmär: Aktionskunst in der Hochschule für Bildende Künste Dresden 28./29. 10. 1988«, Hrsg. von Wanda [d.i. C. Reichardt] und Holger Stark, Dresden 1988
Blatt 35v – 36r
Signatur: 1 G 4° 37

VIII. Das übrige Altstädter Zentrum

246. Hahn, Walter: Prager Straße. Blick vom Wiener Platz nach Norden, 1927
Fotografie, 13 cm x 18 cm
Signatur: SLB/DF 304983

247. Gleisberg: Postplatz. Blick gegen die Sophienkirche und Restaurant »Waldschlößchen«, um 1927
Fotografie, 9 cm x 12 cm
Signatur: SLB/DF 40360

248. Gleisberg: Pirnaischer Platz. Blick in die Grunaer Straße, um 1927
Fotografie, 9 cm x 12 cm
Signatur: SLB/DF 40359

249. Peter sen., Richard: Dresden nach der Bombardierung am 13./14. 2. 1945, Ruine der Mohrenapotheke, Johannstr. 23, 1945
Fotografie, 9 cm x 12 cm
Signatur: SLB/DF Ps 72

250. Peter sen., Richard: Dresden nach der Bombardierung am 13./14. 2. 1945, Straßenbild, 1945
Fotografie, 9 cm x 12 cm
Signatur: SLB/DF Ps 3

251. Peter sen., Richard: Enttrümmerung der Innenstadt, um 1945
Fotografie, 9 cm x 12 cm
Signatur: SLB/DF Ps 270

252. Peter sen., Richard: Ausgeglühter Beleuchtungskörper, 1945
Fotografie, 9 cm x 12 cm
Signatur: SLB/DF Ps 35

253. Peter sen., Richard: Dresden im Wiederaufbau. Ziegeltragende Trümmerfrau, 1946
Fotografie, 9 cm x 12 cm
Signatur: SLB/DF Ps 70

254. Peter sen., Richard: Blick vom Rathausturm nach Nordwesten, 1946
Fotografie, 9 cm x 12 cm
Signatur: SLB/DF Ps 73

255. Peter sen., Richard: Blick vom Rathausturm nach Süden, um 1945
Fotografie, 13 cm x 13 cm
Signatur: SLB/DF Ps 10

256. Peter sen., Richard: Postplatz. Blick gegen die zerstörte Sophienkirche, 1946
Fotografie, 9 cm x 12 cm
Signatur: SLB/DF Ps 44/2

257. Peter sen., Richard: Kleingartenarbeit in den Trümmerfeldern des Stadtzentrums. Blick von Norden zum Rathaus, um 1947
Fotografie, 12,2 cm x 12,2 cm
Signatur: SLB/DF Ps 372/1

258. Peter sen., Richard: Gänsediebbrunnen gegen die Ruinen am Ferdinandsplatz, um 1947
Fotografie, 9 cm x 12 cm
Signatur: SLB/DF Ps 85/3

259. Peter sen., Richard: Gänsediebbrunnen gegen die Ruinen am Ferdinandsplatz, um 1947

Fotografie, 9 cm x 12 cm
Signatur: SLB/DF Ps 85/2

260. Hahn, Walter: Blick vom Rathaus nach Süden vor dem Aufbau der Prager Straße, 1960
Fotografie, 13 cm x 18 cm
Signatur: SLB/DF 313820

261. Görler, Uwe: Blick über die Prager Straße nach Norden, 1979
Fotografie, 13 cm x 18 cm
Signatur: SLB/DF 193440

262. Peter sen., Richard: Dresden nach der Bombardierung am 13./14. 2. 1945, Josephinenstraße, um 1945
Fotografie, 9 cm x 12 cm
Signatur: SLB/DF Ps 116

IX. Die Neustadt

263. Donadini, Ermenegildo Antonio: Dresden-Neustadt. Blick aus einem Brückenbogen der Friedrich-August-Brücke am Königsufer auf »Narrenhäusel« und Wohnhaus mit Fotoatelier, um 1906
Fotografie, 9 cm x 12 cm
Signatur: SLB/DF 400510

264. Alberttheater am Albertplatz. Ende des 19. Jahrhunderts
Fotografie, 10 cm x 17,5 cm
Signatur: SLB/DF 174407

265. »Dresdner Sezession 1910–1925«, Milano, München (Levante) 1977
Blatt 19v – 20r
Signatur: 51. 4° 723

266. Donadini, Ermenegildo Antonio: Badebetrieb an der Elbe. Blick nach Osten gegen die Albertbrücke und Jägerkaserne, nach 1910
Fotografie, 13 cm x 18 cm
Signatur: SLB/DF 44638

267. Donadini, Ermenegildo Antonio: Friedrich August III. während der Königsparade auf dem Alaunplatz, 1910
Fotografie, 13 cm x 18 cm
Signatur: SLB/DF 44733

268. Hahn, Walter: Albertplatz. Blick vom Hochhaus der Sächsischen Staatsbank nach Südosten, 1931
Fotografie, 13 cm x 18 cm
Signatur: SLB/DF 307911

269. Peter sen., Richard: Theodor Rosenhauer arbeitet zwischen Trümmern an seinem Ölgemälde »Blick auf das Japanische Palais nach dem Angriff«, 1945
Fotografie, 9 cm x 12 cm
Signatur: SLB/DF Ps 364/2

270. Möbius, Walter: Geburtshaus des Schriftstellers Erich Kästner. Königsbrücker Straße 66, um 1960
Fotografie, 16,5 cm x 12 cm
Signatur: SLB/DF 137207

271. Görler, Uwe: Straße der Befreiung. Westseite mit restaurierten Bürgerhäusern des 18. Jahrhunderts, 1979
Fotografie, 13 cm x 18 cm
Signatur: SLB/DF 193625

272. Buchwald, Kurt: »Fotografieren verboten!«, Dresden 1989
Blatt 8v – 9r
Signatur: 1 G 4° 93

X. Ehemalige Vororte
und heutige Stadtteile

273. Donadini, Ermenegildo Antonio: Friedrichstadt, alter Katholischer Friedhof mit dem Grabmal Balth. Permosers, um 1905
Fotografie, 12,8 cm x 17,8 cm
Signatur: SLB/DF 41722

274. Möbius, Walter: Friedrichstadt. Alter Katholischer Friedhof mit dem Grabmal von Carl Maria von Weber, 1935
Fotografie, 13 cm x 18 cm
Signatur: SLB/DF 53335

275. Richter: Friedrichstadt. Alter Katholischer Friedhof mit dem Grabmal von Friedrich von Schlegel (Kopie), um 1980
Fotografie, 12 cm x 17 cm
Signatur: SLB/DF 187581

276. »Orient Tierung: Yenidse: Die Kuppel«, Dresden 1988, S. 14f.
Künstlerbuch
Signatur: S. B. 4113

277. »chronisch: Galerien, Ausstellungen in Dresden im Überblick«, Dresden 1989, Blatt 30v – 31r
Künstlerbuch
Signatur: 1 G 4° 63

278. Dohrn, Wolf: »Die Gartenstadt Hellerau«, Jena (Diederichs) 1908

Titelbild und Titelblatt
Signatur: 5 A 6975

279. Hellerau. Festspielhaus. Eingangsseite, um 1915
Fotografie, 9 cm x 12 cm
Signatur: SLB/DF 39662

280. Kästner, Erhart: »Leben und Werk in Daten und Bildern«, 1. Ausg., Frankfurt am Main (Insel), 1980, S. 36f.
Signatur: 54. 8° 8299

281. Hahn, Walter: Loschwitz. Elbe mit geschlossener Eisdecke, 1929
Fotografie, 10 cm x 15 cm
Signatur: SLB/DF 304785

282. Möbius, Walter: Loschwitz. Standseilbahn und Luisenhof, 1956
Fotografie, 13 cm x 18 cm
Signatur: SLB/DF 132952

283. Sarfert, Hans-Jürgen: Blasewitz. Sogenanntes Buddenbrook-Haus, 1986
Fotografie, 17 cm x 12 cm
Eigentum des Fotografen

284. Elisabeth Hyppolitha Mann, Schwester des Senators (›Toni‹), um 1900
Fotografie aus dem Buchbestand der SLB

285. Villa Marie/Hrsg.: Wanda [C. Reichardt], Dresden 1990
Umschlag, Text-Grafik-Mappe
Signatur: 1 G gr. 2° 174

XI. Der Große Garten

286. Hahn, Walter: Ausstellungsgelände und Illgenkampfbahn von Norden, 1928
Fotografie, 13 cm x 18 cm
Signatur: SLB/DF 310876

287. Seifert, Else: Internationale Hygiene-Ausstellung 1930/31. Haus für einen Lungenkranken. Eckansicht mit Eingangsbereich, um 1930
Fotografie, 13 cm x 18 cm
Signatur: SLB/DF 46926

288. Hahn, Walter: Großer Garten nach Nordwesten gegen das Stadtzentrum, 1933
Fotografie, 18 cm x 24 cm
Signatur: SLB/DF 310635

289. Peter sen., Richard: Trümmerfrauen an der Ruine des Ausstellungspalastes, um 1946
Fotografie, 9 cm x 12 cm
Signatur: SLB/DF Ps 51/2

Autoren und Herausgeber

DIE AUTOREN

Johanna Dürig, geboren 1951 in Dresden; studierte Architektur in Dresden

Reinhard Eigenwill, geboren 1946 in Dresden; studierte Geschichte und Frühgeschichte in Berlin

Gabriele Heinrich, geboren 1950 in Jena; studierte Archäologie und Kunstgeschichte in Jena

Dr. Ortrun Landmann, geboren 1937 in Stettin; studierte Musikwissenschaft und Germanistik in Leipzig und Rostock

Perk Loesch, geboren 1953 in Dresden; studierte Museologie in Leipzig und Kunstwissenschaften in Halle

Dr. Manfred Mühlner, geboren 1932 in Bad Dürrenberg; studierte Theologie und Religionswissenschaft in Leipzig und Bibliothekswissenschaft in Berlin

Hans-Jürgen Sarfert, geboren 1944 in Freital; studierte Germanistik in Berlin

Dr. Helgard Sauer, geboren 1946 in Dessau; studierte Kunstwissenschaft in Leipzig

Eberhard Stimmel, geboren 1938 in Chemnitz; studierte Bibliothekswissenschaft in Berlin

Dr. Georg Zimmermann, geboren 1955 in Schwaan bei Rostock; studierte Kartographie in Dresden

DIE HERAUSGEBER

Lothar Koch, geboren 1948 in Dresden; studierte am Institut für Literatur in Leipzig

Katrin Nitzschke, geboren 1955 in Dresden; studierte wissenschaftliches Bibliothekswesen und Kulturwissenschaft in Leipzig

Alle Autoren und die Herausgeber sind wissenschaftliche Mitarbeiter der Sächsischen Landesbibliothek Dresden.

Die Sächsische Landesbibliothek dankt dem Landschaftsverband Rheinland für die großzügige Förderung und Herrn Heinz Frankenstein von der Archivberatungsstelle Rheinland für die technische Leitung und konservatorische Betreuung der Ausstellung.

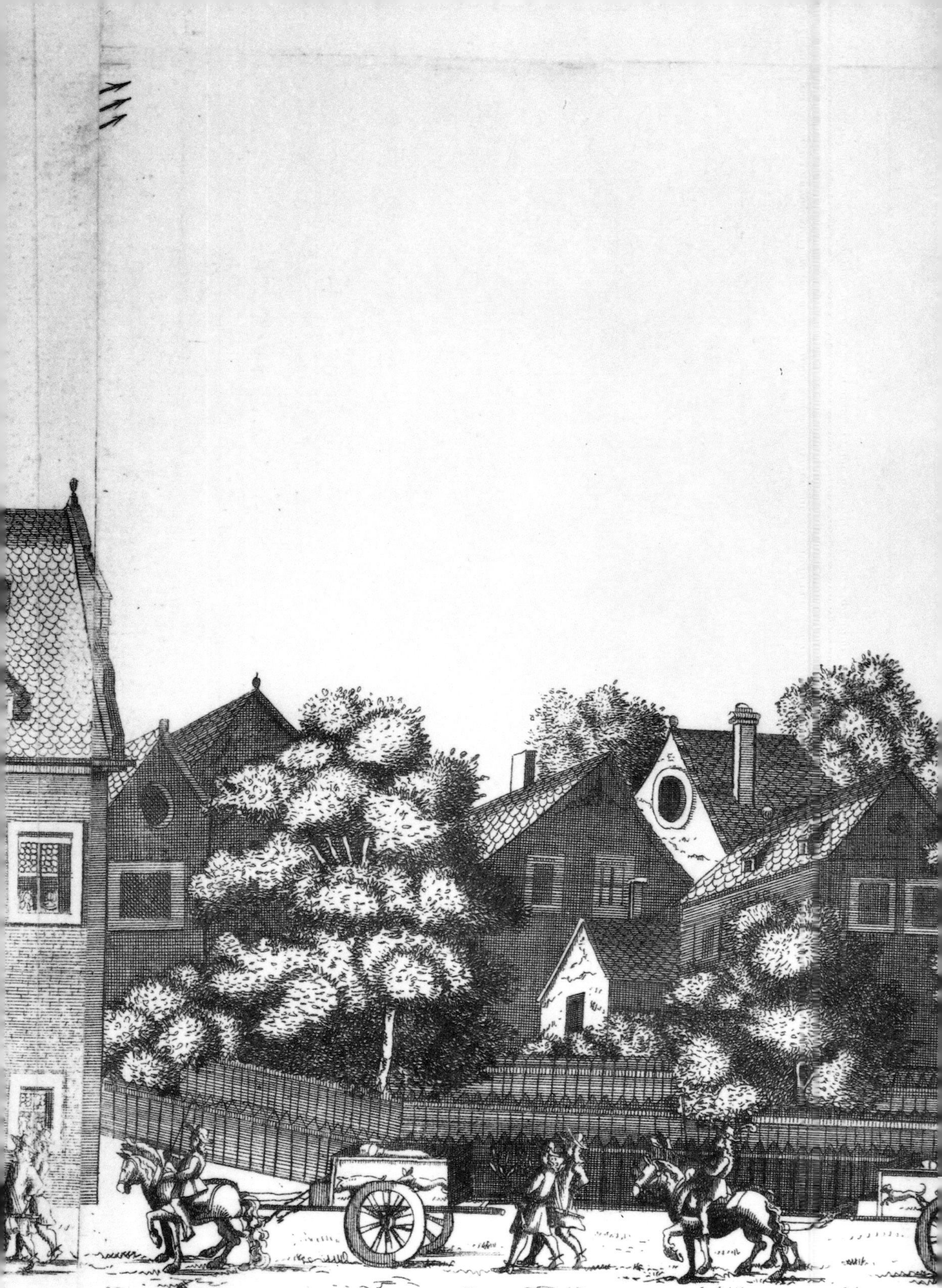